上海市新时代
文明实践志愿服务
指导手册

上海市精神文明建设委员会办公室 编著

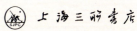

图书在版编目（CIP）数据

上海市新时代文明实践志愿服务指导手册／上海市
精神文明建设委员会办公室编著.－－上海：上海三联书
店，2021.5
ISBN 978-7-5426-7420-3

Ⅰ.①上… Ⅱ.①上… Ⅲ.①志愿者－社会服务－上
海－手册 Ⅳ.①D669.3-62

中国版本图书馆CIP数据核字(2021)第075725号

上海市新时代文明实践志愿服务指导手册

编　　著 / 上海市精神文明建设委员会办公室
责任编辑 / 姚望星
装帧设计 / 徐　徐
监　制 / 姚　军
责任校对 / 王凌霄

出版发行 / 上海三联书店
　　　　　（200030）中国上海市漕溪北路331号A座6楼
邮购电话 / 021-22895540
印　　刷 / 上海普顺印刷包装有限公司

版　　次 / 2021年5月第1版
印　　次 / 2021年5月第1次印刷
开　　本 / 710×1000 1/16
字　　数 / 275千字
印　　张 / 19
书　　号 / ISBN 978-7-5426-7420-3/D・495
定　　价 / 108.00元

敬启读者，如本书有印装质量问题，请与印刷厂联系021-36522998

前　言

建设新时代文明实践中心，是推动习近平新时代中国特色社会主义思想深入人心、落地生根的重大举措，是进一步加强和改进基层思想政治工作的迫切需要，是更好满足人民群众精神文化生活新期待的战略之举。

志愿服务是现代社会文明进步的重要标志，更是人民有信仰、国家有力量、民族有希望的生动体现。党的十九届四中全会提出关于"推进新时代文明实践中心建设，健全志愿服务体系"的总体要求，党的十九届五中全会要求"健全志愿服务体系，广泛开展志愿服务关爱行动"，为进一步推动志愿服务事业高质量发展指明了方向。

上海志愿服务事业在改革开放中孕育而生，在精神文明创建中快速发展，更是在扎根基层社区、融入社会治理中展现作为、惠民利民。近年来，上海以市政府实事项目为抓手，在全市共建立16个区级志愿服务指导中心、221个乡镇（街道）级社区志愿服务中心和6000多个村（居）级学雷锋志愿服务站。截至2020年12月底，"上海志愿者网"实名注册志愿者超过520万人，占常住人口比例超过21%，志愿服务总时长多达4.57亿小时，人均89.25小时。全市广大志愿者在为他人送温暖、为社会作贡献的过程中，熔铸理想信念，厚植家国情怀，涵育道德情操，传承中华优秀传统文化，大力弘扬雷锋精神，生动诠释了社会主义核心价值观的真谛要义。

新时代文明实践中心建设为志愿服务体系建设注入了丰富内涵，拓展了更大空间。2019 年 10 月，中央将上海市长宁区、静安区、闵行区、金山区、崇明区等 5 个区纳入第二批全国试点县（市、区）范围。为深化落实中央部署要求，上海将其余 11 个区列为市级试点区，在全市范围推进新时代文明实践中心建设试点工作。截至 2020 年 12 月底，上海全面建成 16 个区级新时代文明实践中心、221 个乡镇（街道）级新时代文明实践分中心、6025 个村（居）级新时代文明实践站，实现了三级阵地全覆盖，并依托园区、商区、校区、景区、街区、滨江岸线、公园绿地等资源，因地制宜打造了 693 个文明实践特色阵地。在内涵建设上，上海统筹推进"学习宣传理论政策""培育践行主流价值""创新开展文明创建""大力弘扬时代新风""丰富精神文化生活""壮大志愿服务队伍"六项工作，持续推进阵地资源整合到位、体制机制健全到位、服务群众精准到位，不断拓展新时代文明实践中心建设的覆盖面和影响力，初步形成全市 16 个区交相辉映、实体平台与线上平台双轮驱动、新时代文明实践中心建设与志愿服务体系建设双向提升的"上海特色"，着力将新时代文明实践中心建设成为学习传播科学理论的大众平台、加强基层思想政治工作的坚强阵地、培养时代新人和弘扬时代新风的精神家园、开展具有中国特色上海特点志愿服务的广阔舞台。

志愿服务体系建设为新时代文明实践中心建设打下了良好基础，提供了不竭动力。新时代文明实践中心的主体力量是志愿者，主要活动方式是志愿服务。近年来，上海志愿服务体系从夯基垒台、完善网络，到深化内涵、积势蓄力，为全市新时代文明实践中心建设打下了坚实的基础。以党员干部为核心，以基层群体为主体，以重点领域、专业志愿者为支撑，数量充足、构成多元、扎根乡土、富有活力的志愿服务队伍，为新时代文明实践提供了源源不断的强大力量。通过完善新时代文明实践中心（分中心）统筹规划、区志愿服务指导中心（社区志愿服务中心）组织实施、志愿服务队伍各展所长、志愿服务站点承接落地的文明实践志愿服务工作体系，打造接地气、聚人气的文明实践志愿服务项目，构建新时代文明实践中心高效运行机制，有利于真正打通宣传群众、教育群众、关心群众、服务群众的"最后一公里"，在推动资源跨界整合、供需高效匹配、精准服务群众的过程中，生发更强的人文关怀，让市民群众在家门口、于细微处感受到城市的温度。

正是在这样的背景下，作为上海市新时代文明实践系列丛书的第一本专著，《上海市新时代文明实践志愿服务指导手册》应运而出，旨在为全市乃至全国的新时代文明实践中心建设和志愿服务工作提供可复制、可推广的经验模式，为新时代文明实践工作者、志愿服务工作者以及志愿者们提供可借鉴、可操作的学习指导。本系列丛书也将继续致力于推动习近平新时代中国特色社会主义思想深入人心、落地生根，为构建新时代文明实践新生态涵养水源、厚植沃土，为谱写新时代文明实践志愿服务新篇章凝聚力量、共同行动，使正能量更强劲，主旋律更高昂，让党的声音传得更开、传得更广、传得更深入，让文明的种子扎根在城市的大街小巷、网络的各个角落和每个人的内心深处。

编 者

2021 年 4 月

目　录

上海市推进新时代社区志愿服务制度化常态化研究报告

随着中国特色社会主义进入新时代，经济社会发展进入新阶段，学雷锋志愿服务被赋予新的历史使命。作为新时代文明实践的主要方式，其在培养时代新人、提升社会文明程度、推进社会治理现代化、凝聚实现中华民族伟大复兴强大力量的实践中正发挥着越来越重要的作用。推动新时代学雷锋志愿服务持续健康发展，制度化常态化是关键所在，阵地是基本依托，社区志愿服务制度化常态化是基础工程，直接关系到基层民生保障、社会治理创新以及新时代文明实践中心建设能级和水平。

近年来，上海以市政府实事项目为抓手，在全市共建立 16 家区志愿服务指导中心、221 家街（镇）社区志愿服务中心和 6000 多个居村学雷锋志愿服务站，在横向上实现了社区志愿服务中心全覆盖，在纵向上形成了市、区、街（镇）、居（村）四级志愿服务网络，推动了社区志愿服务体系形态完善、内涵提升、惠及民生，使学雷锋志愿服务在扎根社区中更好地发挥围绕中心、服务大局、引领风尚的重要作用。由此，本研究聚焦近五年来上海推进社区志愿服务制度化常态化的实践经验，尤其是组织体制与推进机制方面的创新举措，力求在此基础上，把握进一步推进新时代社区志愿服务制度化常态化的现实路径，并为今后培养时代新人、提升社会文明程度、推进社会治理精细化现代化及新时代文明实践中心建设提供有益的借鉴。

一、社区志愿服务发展的时代背景和实践基础

随着我国经济社会发展进入新时代，学雷锋志愿服务面临新的机遇和挑战，其发展理念、体制机制、载体手段等方面都已呈现出新的发展态势。在这一背景下，如何更好地推动社区志愿服务制度化常态化，直接关系新时代学雷锋志愿服务能否实现转型升级，也成为了理论界和实务实践者关注的焦点。正基于此，我们有必要把握当前我国志愿服务转型发展的新形势，进一步增强对社区志愿服务制度化常态化重要意义的认识。

（一）社区志愿服务发展的时代背景和重要意义

随着我国经济社会发展进入新时代，社会领域也呈现出与以往不同的特征：首先，经济社会发展使人们的思想观念更加多元，不同利益群体在形成的同时其需求也日益多样化。其次，社会的快速流动、利益格局及资源配置方式的深刻调整导致社会多元主体间关系的高度复杂化，人们的利益诉求更加多样、参与社会事务的意愿更加强烈、社会治理面临的形势更加复杂、任务更加繁重。与此同时，经济社会的快速发展迫切需要调动社会各方面力量共同参与。第三，现代信息技术及互联网科技、大数据、现代金融等技术的快速升级换代，不断冲击和改变社会的认知、认同及传统的管理组织方式，社会生活的不确定性日益增强，群体、组织、空间等有形的边界日益模糊，组织和整合社会生活、秩序的主导权力来源和机制将持续发生改变。从现实来看，这些挑战都对宣传思想文化和精神文明建

设工作改进创新、社会治理模式现代化等提出了新的要求。正是在这一背景下，学雷锋志愿服务得到了快速发展，已经融入到经济、社会、文化、生态文明建设方方面面，并通过融入社区、融入生活，成为人民群众奉献爱心的重要渠道，成为社会主义核心价值观落细落小落实的重要载体，社会参与日益广泛、服务领域不断拓展，制度保障更加健全，在价值引领、服务大局、惠民利民中发挥着重要作用。

当代中国的志愿服务从 20 世纪 80 年代开始，是在继承"学雷锋、做好事"和中华民族邻里互助的传统，以及借鉴国外现代志愿服务精神的基础上发展起来的。而今，志愿服务正在迎来其发展的新时代，逐渐成为国家战略的常态化元素，成为国家及地方发展不可或缺的组成部分。党的十八大以来，以习近平同志为核心的党中央高度重视学雷锋志愿服务，作出一系列重要部署，出台一系列重要政策，推动学雷锋志愿服务工作蓬勃开展。

2016 年，习近平总书记两次主持召开中央全面深化改革领导小组会议，专题审议志愿服务工作，相继出台《关于支持和发展志愿服务组织的意见》（文明办〔2016〕10 号）和《关于公共文化设施开展学雷锋志愿服务的实施意见》（文明办〔2016〕22 号）。

2017 年，我国第一部志愿服务专项行政法规《志愿服务条例》于 9 月颁布并于 12 月 1 日起施行。2017 年 10 月，习近平总书记在党的十九大报告关于"加强思想道德建设"中明确提出"推进诚信建设和志愿服务制度化，强化社会责任意识、规则意识、奉献意识"，标志着我国志愿服务事业进入了新的战略机遇期，也对新时代志愿服务创新发展提出了更高要求。

2018 年 7 月 6 日，习近平总书记主持召开中央全面深化改革委员会第三次会议并发表重要讲话。会议审议通过了《关于建设新时代文明实践中心试点工作的指导意见》（厅字〔2018〕78 号）（以下简称《指导意见》）。中办印发的《指导意见》明确指出，文明实践中心的主体力量是志愿者，主要活动方式是志愿服务。志愿服务工作要贯彻落实中央要求，把推进新时代文明实践中心建设作为重中之重，将更多力量和资源向这方面聚集，确保新时代文明实践中心有效运行。

2019年7月23日—24日，中宣部、中央文明办召开中国志愿服务联合会第二届会员代表大会，中共中央总书记、国家主席、中央军委主席习近平发来贺信。习近平强调，中国志愿服务联合会要认真履行引领、联合、服务、促进的职责，为广大志愿者、志愿服务组织服务他人、奉献社会创造条件。各级党委和政府要为志愿服务搭建更多平台，给予更多支持，推进志愿服务制度化常态化。

当前，我们要从统筹推进"五位一体"总体布局和协调推进"四个全面"战略布局的高度，从推动物质文明和精神文明协调发展的高度，进一步提高对新时代推进社区志愿服务重大意义的认识。

1. 社区志愿服务是培养时代新人的重要途径。进入新时代，党的十九大明确提出培养担当民族复兴大任的时代新人。习近平总书记强调，时代新人必须是在思想水平、政治觉悟、道德品质、文化素养、精神状态等方面同新时代要求相符合的。培养时代新人，要靠学习教育、宣传引导，更要靠身体力行、实践养成。学雷锋志愿服务，既体现了人们对高尚精神境界的美好向往，又顺应了人们实现自我价值和人生意义的内在追求，是人民群众乐于参与、踊跃参与的道德实践活动，而社区为人民群众广泛开展学雷锋志愿服务提供了广阔的空间和舞台，更容易激发共建美好家园的主人翁意识，使人们在为他人送温暖、为社会作贡献的过程中，积极践行和弘扬社会主义核心价值观，坚定理想信念，厚植家国情怀，涵育道德情操，争做有大爱大德大情怀的人。

2. 社区志愿服务是提升社会文明程度的重要载体。社会文明程度的显著提升，既是全面建成小康社会、全面建设社会主义现代化国家的重要任务，也是实现人们对美好生活向往的必然要求。学雷锋志愿服务体现了人们对社会的责任意识、奉献意识，既是社会文明进步的产物和标志，又推动着社会的文明进步。对于基层社区来说，学雷锋志愿服务搞得越好的社区，往往更能够形成守望相助的良好人际关系和良好家风、淳朴民风和文明社风，文明程度和居民文明素质也越高，发展后劲和潜力也越强。

3. 社区志愿服务是推进社会治理现代化的重要方式。党的十九大强调，要推进社会治理现代化，打造共建共治共享的社会治理格局。学雷锋志愿服务是群众自我服务、自我教育、自我提高的重要方式，是创新社会治理的有效载体，能够有效弥补政府服务和市场服务的不足与缺位，为政府分忧、为百姓解难。社区志愿服务能够在贴近群众生活中及时发现和回应民生需求，搭建志愿者、服务对象和服务项目对接平台，引导群众就近就便参与志愿服务，促进公共服务、便民服务有机衔接。正是在这一实践过程中，社区志愿服务的重要性日益凸显，推动社会治理的广度、深度和效率进一步增强。

4. 社区志愿服务是凝聚实现中国梦强大力量的重要纽带。实现"两个一百年"奋斗目标，实现中华民族伟大复兴的中国梦，需要14亿中国人民团结一心、共同奋斗。学雷锋志愿服务，是最能把各行各业的人们广泛凝聚起来的载体，是最能让心怀梦想的人们尽展聪明才智的平台，而社区是居民、企事业单位职工、社会组织人士、未成年人等各类群体集聚的场域，也是多元群体工作、学习、生活及实现个人价值和共同梦想的所在，志愿服务成为时时都传递着温暖力量的城市名片和靓丽风景线。活跃在城乡社区的城市文明志愿者，在服务保障大型赛事、精准扶贫、乡村振兴等国家战略，以及国际友好交往中的作用日益凸显。

（二）上海社区志愿服务的发展历程

改革开放为我国志愿服务发展奠定了时代条件和思想基础，孕育了社区志愿服务的萌芽。从上海社区志愿服务的发展脉络来看，主要经历了四个阶段，即萌芽阶段、普及阶段、提升阶段以及后世博的深化阶段。

党的十一届三中全会以来，随着我国经济体制改革的推进，人民生活水平的提高，居民对精神文化和社会服务的需求急剧增长，社区志愿服务出现萌芽并发展起来。一方面，依托"学雷锋"活动以及"五讲四美三热爱"等活动的开展，引导群众投身精神文明建设实践，为志愿服务活动奠定了较好的群众基础，青年群体等走进社区，使"学雷锋、做好事"蔚然成风，成为社区志愿服务的先行者；另一方面，则是源于社区居民的邻里互助活动，20世纪80年代，上海住房条件较差，邻里之间联系密切、交往频繁，"远亲不如近邻"，邻帮邻、户帮户活动，孕育了社区志愿服务的雏形。这一阶段的特点是群众参与面较窄，服务手段、项目、对象单一，以零散状态为主。

进入20世纪80年代中期之后，1986年，国家民政部第一次提出在城市开展社区服务工作的要求。1987年9月，民政部明确提出："倡导民间的互助精神，以灵活多样的社会服务形式，为居民特别是有困难的人提供各类社会福利的社会服务"。1997年7月27日，上海市志愿者协会注册登记成立，随后各区、县志愿者协会分会相继成立，志愿者活动的宗旨和任务进一步明确，市、区、街（镇）和基层单位的三级管理四级网络组织体系逐步建立。这一阶段的特点是社区志愿服务活动蓬勃开展，社区志愿者队伍不断壮大，活动规模扩大，服务内容拓展，服务对象也从社区困难群体延伸到全体社区居民，从民政的帮困救助、社区服务范畴向精神文明建设意义上的覆盖领域更广泛、内涵更丰富的志愿服务转变。但志愿服务缺乏总体规划，其功能还处于探索阶段，没有形成整体效应。

进入21世纪之后，上海社区志愿服务得到了进一步发展，志愿服务在促进社会和谐的过程中，获得了广阔的发展空间，展现出强大的社会影响力。2009 年 4 月 23 日，第十三届上海市人民代表大会常务委员会第十次会议通过了《上海市志愿服务条例》，并于 2009 年 6 月 1 日起正式实施，标志着上海志愿服务事业的发展进入了一个有法规鼓励、保障和规范的新阶段。这个阶段的社区志愿服务活动运行管理更加规范，组织形式更加灵活，服务类型更加多样，服务内容更加丰富，涌现出一批志愿服务优秀个人品牌和集体项目。

2010 年上海世博会之后，上海志愿服务进入了后世博时代，社区志愿服务向纵深发展，为志愿服务从"战时"向"平时"转型提供了动力。在党和政府"加强社会建设、创新社会治理"的重要战略部署下，作为创新社会治理的有效途径和加强新形势下精神文明建设的有力抓手，志愿服务得到了进一步的提升和发展。而经过世博会的洗礼，上海的志愿服务事业也开创出了新的局面：志愿服务理念更加深入人心、市民群众参与热情更加高涨、社会各方关心支持的氛围更加浓厚、志愿服务工作推进体系更加完善、志愿服务不仅在内涵上有了进一步的提升，同时在组织管理、项目运作、保障机制等方面都有了进一步的全面性、系统性完善。尤其是 2012 年上海启动了社区志愿服务阵地建设，推动各区积极试点探索，并于 2016-2017 年以市政府实事项目为抓手，进一步推动街（镇）志愿服务制度化常态化建设，在提高市民文明素质和城市文明程度、形成志愿服务社会动员机制和社会保障体系等方面发挥了积极作用，成为推进上海基层社会治理的基本力量之一。

（三）支撑上海社区志愿服务发展的五大体系保障

近年来，上海志愿服务逐步探索形成了组织运行、制度保障、能力建设、民生服务和文化涵育等五大体系，为社区志愿服务制度化常态化发展提供了有力保障，而社区志愿服务制度化常态化发展又为五大体系落地见效夯实了基础。截至 2020 年底，通过与全国志愿服务信息系统对接的"上海志愿者网"实名注册的志愿者已超过

520万人，占常住人口比例超过21%。全市志愿服务组织达2.6万多个，其中市志愿者协会直属总队达102支，发布志愿服务项目36万多个，建成区志愿服务指导中心16家、街（镇）社区志愿服务中心221家、市级志愿者服务基地145家。这些良好的发展态势，离不开上海志愿服务体制机制不断健全和社区志愿服务体系日趋完善，并在两者相互促进、相辅相成的共同推动下，上海学雷锋志愿服务正从规模化发展向内涵式发展转型升级。

1. 完善组织运行体系，汇聚学雷锋志愿服务宏大力量。完善市文明办统筹规划协调指导、市志愿者协会联络各方壮大队伍、市志愿服务公益基金会募集资金大力支持的"一体两翼"工作机制，并于2019年12月5日成立了继中国志愿服务研究中心揭牌成立之后的首个省市级志愿服务研究中心，形成了党政各部门、社会各方面共同支持参与的工作格局。市文明办指导完善了市志愿者协会理事会、会长单位志愿服务工作部门负责人会议，区和委（办）文明办及志愿者协会志愿服务负责人工作例会等工作机制，加强规范运作，完善内部治理，培育志愿服务组织，扶持志愿服务小微项目，建立"上海市新时代文明实践综合服务平台"，开辟政策支持、专项资助、政府购买服务、资源对接等多元化途径，推动志愿服务组织发挥优势、各展所长。

2. 完善制度保障体系，优化学雷锋志愿服务社会生态。强化法律制度保障，开展《上海市志愿服务条例》监督调研和修法工作，逐步完善登记管理、资金支持、人才培育、项目运作、监督评估、供需对接、服务记录等配套制度，制定《上海市突发事件志愿服务管理办法》《上海市志愿者服务基地创建管理办法》《上海市志愿者协会志愿服务总队管理办法》等专项文件，形成"条例—制度—办法"相互衔接的制度体系。强化资金资源保障，发挥上海志愿服务公益基金的资金扶持和"关爱好心人"专项基金的困难资助作用，探索社会化资金募集渠道。强化信用激励保障，将符合条件的实名注册志愿者、历届上海市志愿服务先进集体和个人及志愿服务捐款单位等志愿服务信息纳入市信用平台。强化保险礼遇保障，为全市所有的注册志愿者提供多重意外保险保障，为志愿者提供健康体检、心理疏导、就医便利等医疗服务和文体类礼遇项目，提升志愿者的美誉度。

3. 完善能力建设体系，形成学雷锋志愿服务持续动力。以理论研究为先导，举办上海志愿服务论坛和长三角地区志愿服务论坛，连续6年研制年度《上海志愿服务发展报告》（2015—2020），连续3年出版《上海志愿服务发展蓝皮书》（2018—2020），汇编《上海志愿服务丛书》8本，形成理论研究与基层实践良性互动。以专业培训为核心，建立国内首个雷锋学院，成立上海市志愿服务培训中心，编印《志愿心》和《志愿行》培训教材，构建线上线下相融合、分层分类相衔接的培训系统。建立文体场馆、医院、交通枢纽、旅游窗口等一批专业化志愿者服务基地，培育和壮大文化、医疗、应急、心理咨询、法律援助等专业化志愿服务团队。以"互联网＋"为支撑，完成"上海志愿者网"能级提升，在纵向上实现上接全国志愿服务信息系统，下连社区志愿服务中心的全线贯通；在横向上打造集咨询、激励、培训等为一体的综合服务平台，不断完善覆盖全市的志愿服务信息汇集、使用和共享大数据库。

4. 完善民生服务体系，增强学雷锋志愿服务惠民实效。以市政府实事项目为抓手，完善社区志愿服务体系。聚焦民生关切，广泛开展"邻里守望"志愿服务活动。聚焦扶贫、济困、扶老、救孤、恤病、助残、救灾、助医、助学等九大方面，积极探索政企合作、政社联动新模式，加强社会化运作，打造跨界合作志愿服务品牌，形成了"垃圾分类""交通文明""老伙伴""随手公益""相约宅基头""惠民医盟""千人帮万家""乐邻互助站"等一大批扎根社区、服务民生的"邻里守望"志愿服务特色项目，整合跨界资源，释放品牌效应，推动学雷锋志愿服务深度融入社会治理。

5. 完善文化涵育体系，营造学雷锋志愿服务浓郁氛围。创新活动载体，举办上海志愿服务文化推广季，开展上海志愿服务网络文化节、"为好人点赞"志愿者晚会、"温暖申城，志愿先行"微电影征集评选展示等大型活动，召开志愿服务为主题的市政府新闻发布会，评选上海市年度志愿服务十件大事，不断扩大志愿文化的社会影响力。突出典型引领，以党员干部、公众人物、青少年、先进模范为示范带动，将志愿服务不少于60课时纳入高中阶段综合素质评价，作为高考升学依据之一，形成了"党员到社区，人人做公益"党员志愿服务、劳模便民志愿服务等一批品牌项目，培育了南京东路学雷锋志愿服务联盟、上海外企志愿服务联盟、浦东高行爱心妈妈以及500多个专业性的志愿服务总队和基地等一批先进团队，选树了张兴儒、黄吉人等一批全国"四个100"先进典型。上海在历年全国学雷锋志愿服务"四个100"先进典型宣传推选活动中均名列前茅。融入社会生活，建立了上海雷锋纪念馆、学雷锋主题公园、雷锋广场、雷锋集市、雷锋驿站等一大批学雷锋志愿服务文化地标，在全市实施规范统一的上海志愿者视觉识别系统，发挥公益广告、艺术作品、微电影等文化载体启迪激励作用，构筑温暖人心的志愿文化风景线。

正是在上海志愿服务制度化建设的顶层设计和综合保障下，社区志愿服务日益呈现出常态化制度化发展的良好态势，取得了良好的工作成效。

二、本研究的基本思路与方法

（一）社区志愿服务常态化制度化的理论内涵

从理论上看，"常态"是指经常出现、持续存在的正常状态。

"常态化"就是要把阶段性任务转化为经常性工作，经常抓、经常做，不间断、不停滞。"制度"是操作规程和行动准则，反映着对客观规律的理性认识。"制度化"就是各项工作要在基本内容、方式方法、操作程序等方面有章可循、照章办事，做到规范化落实，防止和克服随意性。从这方面来说，制度化是规范化的前提、科学化的基础，是保证工作质量、增强工作效果的重要条件。

如前所述，志愿服务发展的转型意味着日常化与社会化的发展趋向，而对于社区志愿服务，常态化和制度化两方面要求是相辅相成、紧密相关的，不能相互脱离或相互割裂。常态化是制度化的基础和落实。没有长期的志愿服务实践，就难以形成行之有效的体制机制；同时，无论多么完善的体制机制，只有落实到经常性志愿服务实践中，才能发挥应有的作用，体现自身的价值。制度化是常态化的保障和引领，是更高层次的常态化。没有制度化的保障，常态化就难以真正持久；没有制度化的引领，常态化就只是在低层次、低水平上循环，志愿服务的质量和效果难以提高。正基于此，推进社区志愿服务的制度化常态化，就是要坚持常态化和制度化有机融合、同步推进，在相辅相成、相互转化中不断实现更高质量更高水平的制度化常态化。

从这个意义上看，上海在新时代社区志愿服务中，逐步完善基层志愿服务网络，聚焦供需对接孵化项目，强化激励褒奖和培训管理以及涵育志愿文化等，并持之以恒加以推进，是形成一整套行之有效的社区志愿服务制度化常态化发展路径的有效探索。

（二）研究方法与样本基本状况

本研究采用定量研究与定性研究相结合的方式，力图较为全面地展现上海社区志愿服务制度化常态化的实践脉络、经验、问题瓶颈，并在此基础上进一步提出有针对性的建议。

定量研究聚焦社区志愿服务体系，主要针对区志愿服务指导中心及街（镇）社区志愿服务中心连续五年（2015—2019）的问卷追踪调查,并由此展现上海社区志愿服务体系的发展脉络。从目前来看,全市共有区志愿服务指导中心16家、社区志愿服务中心221家,覆盖全市所有街(镇)社区,且在有需求并具备条件的功能区、开发区等同级别行政管理区域也已部分设立。同时,居(村)一级实现了学雷锋志愿服务站全覆盖。借助于连续五年的问卷调查数据,我们进行了历史比较分析并展现当前社区志愿服务制度化常态化发展中存在的现实问题和瓶颈。

定性研究为文献研究和实地研究。文献分析主要聚焦当前志愿服务发展的现实背景、国内外基层志愿服务的最新进展和发展经验以及上海在推进志愿服务工作中的探索与实践等内容展开。首先是结合进入新时代以来我国经济社会发展的新态势,从培养时代新人、提升社会文明程度、推进社会治理现代化以及凝聚实现中国梦强大力量等方面总结了新时代推进社区志愿服务制度化常态化的重要意义;其次是针对国内外社区志愿服务制度化常态化的实践经验借鉴;同时也追溯了上海社区志愿服务发展的历程,总结了上海在推进社区志愿服务制度化常态化中的组织运行、制度保障、能力建设、民生服务及文化涵育五方面工作体系支撑,并由此为本研究报告提供了坚实的基础。实地调查主要通过对典型区、街(镇)两级志愿服务中心的走访、座谈以及资料分析,展现不同类型的中心在实际运作过程中的典型经验、现实问题及其现状,并综合相关研究形成对策思路。

三、上海推进社区志愿服务制度化常态化的实践探索

近年来,上海深入贯彻党中央、市委关于推进社区志愿服务的相关部署,在创新社会治理中逐步完善基层志愿服务网络,并通过多样化的举措持续推进社区志愿服务的制度化常态化,社区志愿服务的日常化与社会化不断增强,志愿服务对于改善民生、创新社会

治理及培育社会主义核心价值观的基本功能不断增强。但与此同时，在社区志愿服务制度化常态化实践过程中仍然存在一些现实问题和挑战，需要持续加以改进。

（一）社区志愿服务的常态化实践：制度化的基础与落实

1. 阵地化建设：构建社区志愿服务网络

中心使用面积持续增加，硬件设施持续改善。借助上海市政府实事项目的推进，2016 年以来，各区、街（镇）充分利用社区文化活动中心、党建服务中心、生活服务中心、社会组织服务中心、白领服务中心等现有场地和设施，积极盘活存量，促进资源共享。从硬件配置来看，2018 年使用面积超过 80 平方米的社区志愿服务中心比例为 90.0%，各中心的使用面积呈现持续扩展的态势；虽以与其他机构合建为主（73.6%），但以社区志愿服务中心为主体建设并为其他机构共用比例为 26.4%，较 2017 年有所增长（6.8%）。可使用总面积均值为 452.46 平方米（中位数为 163 平方米），独立面积平均值为 64.12 平方米（中位数为 38 平方米），共享面积为 465.67 平方米（中位数为 200 平方米）。同时，在 2018 年，12.3% 的中心完成了新建，10.0% 的中心完成了改扩建，硬件设施得到了持续改善。

图1: 2015—2019 年使用面积超过 80 平方米的社区志愿服务中心比例（%）

主要体现在展示空间更大（81.5%）、场地更大（77.8%）以及增加专门的功能室（63.0%）、离居民更近（63.0%）、位置更醒目（59.3%）以及周边交通更便利（37.0%）等。2019年，社区志愿服务中心可使用总面积均值为453.61平方米（中位数为200平方米），分别较2018年增加1.15平方米和37平方米；独立面积平均值为72.39平方米（中位数为40平方米），分别较2018年增加8.27平方米和2平方米，共享面积为422.60平方米（中位数为150平方米），分别较2018年减少43.07平方米和50平方米，体现出市政府实事项目实施后的基础设施建设的推进成效。

社区志愿服务中心人员配备数量以3人为主，专兼职搭配成主流趋势。社区志愿服务中心2019年平均拥有工作人员2.62人（中位数为2人），基本与2017和2018年数量持平。由此可见，当前志愿服务中心的人员配备已经相对稳定，专兼职的搭配也相对合理。

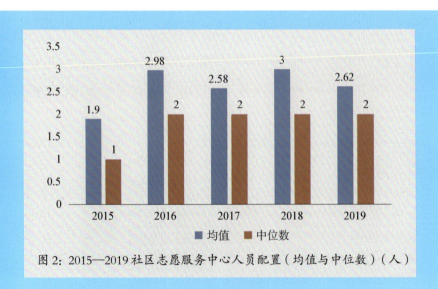

图2：2015—2019社区志愿服务中心人员配置（均值与中位数）（人）

运作经费以政府财政支持为主且较为充足。2016-2017年，市区财政累计投入超过1.5亿元，其中市文化事业建设经费两年共计投入近7000万元，为每个评估达标中心提供一次性补贴30万元，在不要求区级配比资金的情况下，区级财政两年投入软硬件建设费用超过 8000 万元。各中心日常运作经费纳入地方财政预算，2018 年各中心平均经费投入为 24.1 万元，较 2017 年经费投入 30.2 万元有所下降。这主要因为前几年社区志愿服务中心的硬件经费投入较多，2018 年进入以内涵建设为主的阶段，故经费投入较前几年有所下降。而 2019 年平均经费投入为 48.5 万元，较 2018 年经费投入大幅上升。具体来看，政府财政支持是社区志愿服务中心运作经费的主要保障，社区中心运作经费中财政经费占比均值为 93.69%（中位数为 100%），而社会募集、企业赞助以及其他渠道资金不足 2%。总体上看，社区志愿服务中心的运作经费较为充足。

图 3：2016—2019 社区志愿服务中心经费来源所占比例（均值）（%）

从阵地建设来看，全市 221 家社区志愿服务中心还充分整合区域志愿者服务基地、雷锋驿站、公益集市等各类阵地资源，进一步完善了市、区、街（镇）、居（村）四级志愿服务网络。在实践中，各区还根据自身实际情况进行了创新探索，如松江区整合松江大学城 10 所高校资源，建立了区级志愿服务指导中心分中心；黄浦区挖

服务项目更加接地气、聚人气。可见，信息化水平的提升，不仅有利于规范社区志愿服务活动，弘扬志愿服务文化，还有利于提升社区志愿服务资源整合与力量统筹的效能。

4. 项目化运作：推进供需无缝对接

从国内外志愿服务发展的趋势来看，项目化运作成为推动志愿服务的主要方式。从实践来看，源自社区生活的新孵化项目更加注重从基层社会群众的实际生活出发来孵化项目，更加贴近群众、更接地气。全市每个社区志愿服务中心平均拥有的常态化志愿服务项目数已从2015年的17个上升为2018年的33个，融入了民生领域的各个方面，将"最后一公里"的温暖送抵"群众心坎里"。

志愿服务的需求在基层，服务也要随之下沉并在基层对接，中心的需求和服务"两清单"有效解决了志愿服务"最后一公里"的问题。就社区志愿服务中心而言，数据显示，2019年59.6%的社区中心都孵化了新的服务项目，较2017、2018年持续下降；且在孵化新项目的数量上，2019年均值为2.48项（中位数为2项），较2018年的3.85项（中位数为3项）有所下降。需要注意的是，2019年这些新孵化项目的主要来自于社区中心的"基层排摸"（74.2%）、"座谈交流"

图8：2015—2019有新孵化项目的社区志愿服务中心比例（%）

图9：2016—2018社区中心进行供需对接的主要方式（%）

（55.3%）以及"骨干团队提出"（49.2%）。相较于2018年，社区中心的新孵化项目更加注重从基层社会群众的实际生活出发来孵化项目，更加贴近群众、更接地气。

社区志愿服务中心以完善功能为核心，着眼满足广大群众普遍化需求和特殊群体差异化需求，创新"居民区项目发布－区域单位资源配置－社会组织专业设计－社区综合统筹"项目化运作服务链、"需求调研－项目策划－宣传展示"项目化运作管理链等工作流程，建立了稳定的供需对接平台，定期发布常态化项目清单，开展项目认领。虽然2018年将需求转化为志愿服务项目的社区志愿服务中心比例有所下降，但值得注意的是，开展项目创投或招投标的社区志愿服务中心占了9.1%，体现了基层在实践中不断探索更加高效、更富活力的社会化运作机制。

5. 品牌化塑造：培育典型引领创新

在社区志愿服务蓬勃发展的当下，通过品牌建设整合社会资源，拓展服务内容，探索建立长效机制，是志愿服务发展的迫切要求。

随着社区志愿服务体系的不断完善，一大批围绕中心、服务大局、扎根社区、惠及民生的品牌项目应运而生。这些项目聚焦服务保障进口博览会、垃圾分类、长三角一体化发展、乡村振兴、交通文明、"五违四必"区域环境综合治理、中小河道综合整治、烟花爆竹禁燃等市委市政府中心工作，围绕扶贫、济困、扶老、救孤、恤病、助残、救灾、助医、助学等九大民生重点领域，关注贫困人员、残障人士、空巢老人、留守儿童等特殊群体，吸引了越来越多的志愿者积极参与，有效推动学雷锋志愿服务深度融入社会治理。

结合《上海志愿服务发展报告（2020年）》数据，2019年志愿者参与的各类志愿服务项目中，"社区服务"排在首位，志愿者参与社区志愿服务中心开展的志愿服务项目中，"社区服务"也排在首位，选择比例分别为40.0%和52.6%。并且，2019年志愿者参与社区志愿服务中心志愿服务活动的比例高达62.7%，远远高于前三年的参与比例，一方面表明参与社区服务找社区志愿服务中心的观念日渐深入人心，另一方面也可能是2019年上海深入开展垃圾分类活动，进一步凸显了社区志愿服务中心在供需对接、统筹调配力量、服务保障等方面的功能和作用，使志愿者参与社区志愿服务中心志

图10：2016—2019志愿者参与社区志愿服务中心志愿服务活动的情况（%）

愿服务活动的比例出现了较大幅度的上升，由此为社区志愿服务项目化运作和品牌化塑造提供了内生动力。

以"进口博览会城市文明志愿服务"品牌项目为例，全市围绕"党员先锋行动、美丽家园行动、平安守护行动、暖心微笑行动、文明风尚行动"等五大主题，开展"迎进口博览盛会，展申城志愿风采"城市文明志愿服务实践行动，区和街（镇）两级志愿服务中心加强城市文明志愿者招募、管理、培训、激励、保障工作机制，形成志愿服务同城效应，放大进口博览会溢出效应。

以"垃圾分类志愿服务"品牌项目为例，全市范围建立生活垃圾分类志愿服务市级总队、区级分队、街（镇）基层服务队三级队伍体系，成立垃圾分类志愿者讲师团，开展垃圾分类志愿者专项培训，开展"捡拾垃圾漫步跑·垃圾分类新时尚"上海滨江修身志愿公益跑、"跟着明星做志愿"等主题实践活动，掀起生活垃圾分类减量宣传和实践热潮，使垃圾分类成为上海市民人人自觉参与的"新时尚"。2020年，上海生活垃圾全程分类志愿服务体系要覆盖全市各个乡镇、街道。到2021年，全市参与生活垃圾全程分类志愿服务项目的注册志愿者人数将力争达到100万人。

以"交通文明志愿服务"品牌为例，交通文明志愿服务已普遍成为全市社区志愿服务中心的常态化服务项目，"微笑四叶草""拯救斑马线"已成为申城耳熟能详的交通文明志愿服务品牌，"高行爱心妈妈"等一大批品牌团队数年如一日积极开展交通文明劝导，已成为申城一道靓丽的风景线。

同时，两级志愿服务中心结合各自优势和特点，因地制宜塑造了智力助残志愿服务、"一小时公益"社区公益微创项目、"金相邻""路管会""弄管会"自治共治项目、"七彩爱心屋"关爱留守儿童、"快乐志愿，光明同行，为好人点赞"邻里守望志愿服务、"用心发现，用爱行动——关爱母亲河"环保志愿服务、"金山护水先锋行动"

万名党员志愿者参与中小河道综合整治大行动、平安志愿者守望禁燃行动等一大批品牌项目，发挥了志愿服务在价值引领、道德示范、公益服务、关爱帮助、互助合作等方面的积极作用，进一步增强了市民群众的获得感和幸福感。

（二）社区志愿服务的制度化实践：常态化的保障与引领

1. 标准化评估机制：以评估推进规范化建设

从市级层面看，市文明办出台《上海市区级志愿服务指导中心功能优化评估标准》和《上海市乡镇（街道）社区志愿服务中心功能优化评估标准》，形成区级指导中心统筹协调、指导服务、管理监督、宣传引导等四大功能与社区志愿服务中心供需对接、注册认证、项目孵化、资源整合、能力建设、团队培育、指导监督、激励保障、文化建设等九大功能上下衔接、相互支撑的标准体系，建立督导和评估机制，对两级中心规范化建设进行全覆盖评估验收。

从区中心来看，2019年调查显示，92.9%的区中心建有志愿服务项目效果反馈机制，其主要方式为"座谈交流"（85.7%）、"事后回访"（57.1%）以及"问卷调查"和"信息平台评价"（均为50.0%）。区中心对社区中心、志愿服务基地管理、评估与考核的方式主要为"加强骨干业务培训"和"开展经验交流分享活动"（均为100%）、"定期召开负责人例会"（85.7%）、"定期基层调研指导"（78.6%）以及"日常暗访巡查"（64.3%）和"定期出具评估报告并提出指导意见"（50.0%）。同时，建立对社区志愿服务中心九大功能发挥情况的评估机制的比例也达到了92.9%，评估的主要方式是"区中心评估"（57.1%），"组建多方参与的工作组织进行评估"（35.7%），在以上级评估为主的基础上，多方参与评估也日益增多。

就社区中心而言，数据显示，2019年已经建有志愿服务项目效果反馈机制的比例为98.6%，其主要方式为"座谈交流"（71.0%）、

"问卷调查"（56.6%）和"事后回访"（52.9%）、"信息平台评价"（42.5%）。从评估机制的实施来看，上级部门对中心的评估形式主要还是以"定期召开负责人例会"（82.4%）、"加强骨干业务培训"（74.7%）、"日常暗访巡查"（69.2%）、"开展经验交流分享活动"（65.6%）以及"定期基层调研指导"（59.3%）等。同时，针对基层学雷锋志愿服务工作站的评估形式也以"加强骨干业务培训"（75.6%）、"定期召开负责人例会"（74.7%）和"开展经验交流分享活动"（69.7%）以及"实地调研并提出指导意见"（61.1%）为主。此外，80.5%的中心建有项目评估机制，公开评估结果的占到了40.3%。其评估方式以"自己评估"（30.8%）和"上级单位评估"（20.8%）为主，"第三方评估"和"居民评估"的比例还比较少，分别为10.4%和16.7%。

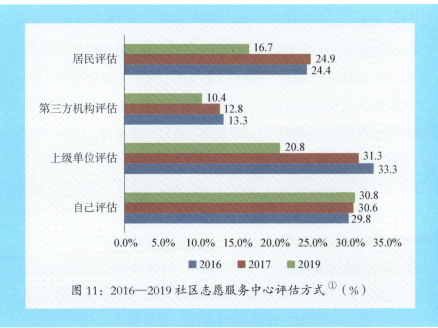

图11：2016—2019社区志愿服务中心评估方式[①]（%）

---

① 2016年数据为单变量频率分析的结果，2017年数据为多选变量频率分析（占样本数比例）的结果。

2. 全覆盖暗访督查机制：以监督推进持续发展

从 2016 年市政府实事项目推进开始，全覆盖实地督导就一直在强化。由市文明办、市志愿者协会工作人员组成的督导工作小组分赴 16 个区，全覆盖实地推动实事项目，解读标准要求，并与各区共同研究和解决存在的重点难点问题，确保实事项目按时间节点有序推进。2018 年之后，市文明办每年委托市市民巡访团对全市两级志愿服务中心进行全覆盖暗访，针对硬件设施、常态运行、功能发挥等情况进行督促检查，较为全面真实地反映了社区志愿服务中心的实践运作，并建立通报制度，督促基层整改落实，促进了日常工作的可持续开展。

3. 专题培训机制：为社区志愿服务赋能

为进一步强化社区志愿服务能力建设，从市、区乃至于街（镇）层面，都积极组织全覆盖专题培训。市级层面举办区、街（镇）两级志愿服务中心管理骨干专题培训班，提升一线管理骨干的综合素质和业务能力，全市两级中心全部派员参加，收到良好效果。同时，两级中心各自也都围绕"志愿服务知识与技能""志愿服务过程与组织管理""志愿服务保障与支持""志愿服务文化精神理念""志愿服务项目孵化与运作""志愿服务与社区工作实务"以及"应急与风险防范"等开展志愿者定期培训，培训安排已实现全覆盖。各区也根据自身的实际情况，创新了志愿者培训方式，如普陀区搭建社区志愿服务中心"掌门人沙龙""中心有约——你身边的志愿服务顾问"交流平台，崇明区推出"一镇一品"志愿服务系列专题培训，提升基层志愿服务组织能力；闵行区以"社区新动力"志愿服务计划为牵引，推动两级中心功能在基层落地生根。

4. 条块联动机制：推动多元化资源有效配置

在社区志愿服务的实践过程中，上海创新条块联动志愿服务工作机制，统筹科技、教育、经信、卫生、民政、市场监督、建设和交通、绿化和市容、文化和旅游、体育、工、青、妇等各部门各系统资源，发布年度《上海市条块联动志愿服务试点项目条线意向目录》，在双向选择的基础上，促进条线部门单位与社区志愿服务中心共育团队、共建项目。围绕服务保障进口博览会、长三角一体化发展、乡村振兴、垃圾分类等市委市政府重点工作，2018年推动全市14家市级部门单位与70家有需求的社区志愿服务中心资源对接，合作开展家庭健康管理、创业指导、绿化服务、青年社会组织进社区、助老行动等14大项94个具体志愿服务试点项目，2019年更是联手20家市级条线部门单位，推动理论政策宣讲、红色文化传播、"非遗"传承推广、医疗急救培训、阳台蔬菜种植、质量便民服务、垃圾分类、文明养宠、健康科普、智慧生活、亲子阅读、心理健康等63大类309项条块联动志愿服务试点项目与3家区志愿服务指导中心和202家街（镇）社区志愿服务中心完成对接，促进条线专业化资源和区域多元化资源有效对接，服务供给与百姓需求精准匹配，提升基层志愿服务专业化社会化水平。

2019年的数据显示，从区中心看，92.9%已有"条块联动"合作项目，其中57.1%的区中心"已有合作项目并取得积极成效"。这些成效主要体现在"资源更加丰富"（100.0%）、"内容更吸引人"和"队伍更加专业"（78.6%）、"群众更加受益"（71.4%）以及"服务更加优质"（64.3%）。从社区中心来看，85.1%的社区中心已经有"条块联动"试点项目，其中61.5%的中心已经显示出积极成效，主要体现在"资源更加丰富"（82.4%）、"队伍更加专业"（67.4%）、"群众更加受益"（64.7%）以及"内容更吸引人"（63.3%）、"服务更加优质"（53.4%）等。可以说，"条块联动"试点项目已经呈现出积极成效，主要表现为资源丰富、内容优质及队伍专业等。

5. 示范创建机制：以褒奖激励激发活力

市文明办每年在全市221家街（镇）社区志愿服务中心中广泛

的社区志愿服务中心的监督评估机制已经建立，但主要还是以上级评估（20.8%）和自我评估（30.8%）为主，"第三方评估"和"居民评估"的比例还比较低，分别为 10.4% 和 16.7%。从长远来看，仅凭街（镇）及志愿服务机构的外部之力难以推动社区志愿服务中心健康可持续发展。为了确保管理过程的公平、透明与有效，减少服务过程中可能出现的冲突与矛盾，应该建立更加专业化与系统化的社会监督评估体系。

5.参与社区志愿服务的社会多元力量的耦合度有待进一步提升。志愿服务关注的是民生改善与治理创新，必然要扎根于基层社会生活，整合各方面资源，才能够获得其生命力。从连续五年的调查数据来看，"区域资源不够丰富"是社区志愿服务中心日常运作中的主要困难（2017 年选择比例达 41.1%；2018 年选择比例有所增加，达 43.2%；2019 年选择比例有所下降，为 38.9%）。社区志愿服务中心对社区内各种社会资源的整合度还不充分，对社区外部资源的嵌入能力更加缺乏。同时，社区志愿服务体系各部分之间的协同与整合也日益成为问题焦点，如志愿者、志愿服务团队、社会组织及志愿者服务基地分属于不同机构及部门，机构之间又易形成政策壁垒，导致信息平台及组织体系的人为割裂，亟待有效加以整合。

这些问题的存在，一方面源自于基层社会生活日益复杂且变动性增强，要求现有的社区志愿服务网络不断优化；另一方面则是要求激发基层社会的内在活力和动力，以社会化方式来推进志愿服务的持续发展。

四、新时代推进社区志愿服务制度化的思路与建议

（一）国内外社区志愿服务制度化常态化的经验借鉴

在发达国家和地区，社区成为志愿者活动的重要载体，志愿服务活动是在社区这个社会结构的草根层次上进行的。社区除文化、

体育及宗教活动外，通常还有各种由社区民间团体发起的志愿服务活动，如单亲父母俱乐部、老年人活动中心、妇女援助中心等。通过这些民间社区志愿性的团体进行志愿服务，志愿者们不但为移民子女提供外语培训，为老年人和伤残人提供帮助，为妇女提供心理咨询，为失足青少年提供心理和学业上的指导与培训，而且积极组织参与社区环境治理、募集资金和竞选宣传等活动，为社区发展贡献自己的爱心、智慧和力量。

如在美国，社区志愿者数量众多，它的组织形式一般分为两大类：一类是由社会工作者、社区委员会、学校、教区、居民等自发组织起来的综合性服务组织。它所提供的服务项目广泛，既包括各种文化体育娱乐服务活动、各种义务教育活动，也包括居民所需的各种生活服务，甚至住房、就业服务；另一类是由具有专业知识与技能的志愿者组成的专业性服务组织，是依社区需要产生的服务团体。志愿服务社区化，对于社会的稳定，经济的持续发展，社会福利的优化都起到了重要的推动作用。

又如新加坡，新加坡在志愿者招募、管理、活动策划与组织等方面形成了一套完善的制度。目前，新加坡已形成一支以志愿者为主的比较稳定的志愿服务队伍。志愿者以社区为载体，适合不同阶层、不同年龄、不同种族的民众共同参与且相对稳定、深入普及、运作有序及组织规范。志愿服务组织也具有很强的社会化特点，有社会服务的管理部门如社会发展部、国家教育部课外活动中心等，也有法定机构如人民协会、国家社会福利理事会等，还有非营利性的私人公司（社团）如华社自助理事会等。此外，志愿服务的资金也趋向于多样化，除了青年理事会综合协调部下设青年服务基金和青年国际基金以外，志愿服务组织也通过"分享计划"向社会募集捐款；联络所通过举办培训班等方式筹集资金维持开销；各类慈善组织将举行募捐义演义卖的收入捐赠给志愿服务组织；以及企业赞助等也是重要的收入来源。

从国内看，深圳等城市也积极打造社区志愿服务实体阵地。首先是加强社区 U 站建设。在全市所有社区服务中心建设社区 U 站，纳入深圳社会建设"风景林"工程，将社区志愿服务纳入社区服务中心的评估范畴。开发"菜单式"的社区志愿服务项目，丰富不同类型社区 U 站的工作内容，提升社区 U 站的活力；其次是开发社区志愿服务岗位。鼓励各行业部门在社区综合服务中心、社区党员活动室、社区图书室等开发设置志愿服务岗位，如社区日间照料、家庭调解、四点半学校等，便于志愿者居家或在工作单位就近参与志愿服务；第三是发展社区志愿服务队伍。重点发展志愿服务的专职社工队伍，采取专职社工任社会服务项目经理的方式，推行"医务社工＋志愿者""环保社工＋志愿者""学校社工＋志愿者"等服务形式，加快构建"社工＋义工10分钟服务圈"。

（二）推进新时代社区志愿服务制度化常态化的对策思路

自觉服务党和国家工作大局，是我国志愿服务事业的优良传统。社区志愿服务也要在围绕中心、服务大局中找准方位，彰显价值。展望新时代中国特色志愿服务发展之路和上海经济社会发展新趋势，上海社区志愿服务要深入学习宣传贯彻习近平总书记致中国志愿服务联合会第二届会员代表大会贺信精神和考察上海重要讲话精神，围绕推动乡村振兴、建设美丽中国、共建"一带一路"、推进长三角一体化发展等国家重大发展战略和进口博览会、垃圾分类、交通文明等市委市政府重点工作，推进上海社区志愿服务制度化常态化向高质量内涵式转型升级，更加注重以机制创新支撑新时代文明实践中心有效运转，更加注重以平台建设激发社会内在活力和创造力，推动社区志愿服务形成全区域统筹、多方面联动、各领域融合的工作格局。

1. 加强组织领导，优化党建引领、政府主导、社会参与的社区志愿服务发展格局。进一步完善文明委统一领导、文明办牵头协调、有关部门各负共责、全社会共同参与的志愿服务工作机制，强化文明办"统筹规划、协调指导、督促检查和经验推广"的职责。完善市文明办统筹规划协调指导、市志愿者协会联络各方壮大队伍、市志愿服务公益基金会募集资金大力支持的"一体两翼"工作格局。结合新时代文明实践中心建设，强化党建引领，发挥党员先锋模范作用，组建扎根基层社区、常驻群众身边、人员构成多元、覆盖范围广泛的志愿服务队伍，宣传普及习近平新时代中国特色社会主义思想，积极培育和践行社会主义核心价值观，为推进新时代文明实践提供源源不断的志愿服务力量，打通宣传群众、教育群众、关心群众、服务群众的"最后一公里"。与此同时，各级党委和政府要在规范管理、人才保障、资金扶持、项目资助、场地支持、业务指导、能力培养、供需对接等方面加强政策支持和平台建设，使长期扎根于社区的志愿服务工作人员能够免除后顾之忧，拥有施展才华的更广舞台，志愿服务组织能够更好地承接公共服务、参加公益创投、获取政府补贴与社会捐赠，营造适宜于社区志愿服务制度化常态化发展的生态环境，为社区志愿服务发展保驾护航。并且，要以立足社区为基本原则构建开放式参与平台，同时整合各类资源，因地制宜完善"时间银行"等激励嘉许机制，更广泛地吸引多元群体加入志愿服务队伍，尤其是动员市民群众积极参与保护生态环境、维护公共安全、扶老、育幼、助残等邻里守望志愿服务，体现"人人参与、人人尽力、人人享有"的共建共享理念，提升社区志愿服务的内涵和质量。

2. 推进条块联动与互联互通，增强社区志愿服务体系运行效能。一是完善条块联动机制，统筹文化、科技、教育、体育、卫生等各部门各系统资源，在双向选择、优势互补的基础上，推动条线部门单位与社区志愿服务中心联手共建条块联动志愿服务试点项目，共育专业化志愿服务团队，促进系统专业化资源和区域多元化资源有效对接，服务供给与百姓需求精准匹配，提升基层志愿服务专业化社会化水平，推动文明实践志愿服务在基层落地见效。各部门单位注重发挥行业优势，基层社区注重发挥资源多元优势，既彰显区域资源禀赋、文化底蕴和优势特色，又致力于破解区域资源瓶颈和薄弱难题，促进社区志愿服务提质增效。二是提升"上海志愿者网"能级，加强规范化运行和高效管理，完善志愿服务记录制度，强化志愿服务全要素、各主体、全流程、各环节的信息平台功能，提升全市志愿服务数据统一归集、统一管理、共享交换、激励使用等综合能效，更好服务广大志愿服务组织和志愿者。三是依托"上海市新时代文明实践综合服务平台"，完善社区志愿服务中心的平台承载功能，使参与社区志愿服务的不同主体都能在社区志愿服务中心平台上共享信息、经验、资源，便捷开展志愿服务活动。社区志愿服务中心还要拓展需求收集渠道，及时把握相关利益主体的实际需求，充分发挥枢纽作用，促进社区志愿服务体系内外互联互通，高效运行。

3. 加强资源整合平台建设，激发社区志愿服务的活力和创造力。整合各方面资源，是社区志愿服务制度化常态化的必然要求，尤其是整合社会化、专业性资源更为迫切。要着力打通社区与社会的联系，根据社区的需要整合各类资源，引入社会组织、公益组织参与志愿服务活动开展。进一步拓展资源整合和供需对接平台，推动全社会各类志愿服务资源和力量的组合和整合、嫁接和链接、联动和互动。要善于引进外部资源，整合跨界资源，推动优质资源沉到基层，尤其要加强专业性力量协同合作，推动各种资源要素充分整合并有效转化为项目创意，从而以项目创意开发来带动社区志愿服务资源更高层级的再动员和再整合。社区志愿服务站点应当运用社会化思维方式，不断开发和动员社会资源，将区域内的服务资源进行有效统筹和整合，发挥市场的积极性，共同推进社区志愿服务制度化常态化。如加强与（社区）公益基金会的合作，主动吸纳社区公益基金会及民间基金会的参与；激发（驻区）企业的社会责任意识，可为社区志愿服务中心项目的开展及日常的运营提供源源不断的资金支持；整合社区内零散资源，通过定期组织义卖活动、设置捐款箱以及其他捐赠渠道，吸收社区内的闲散资金，通过居民的力量为社区志愿服务中心提供稳定的资金来源。

4. 强化项目精准设计，提升社区志愿服务精细化管理水平。随着社区居民生活需求的多样化，社区志愿服务项目的孵化需要更精细化，要在大数据分析的基础上精准对接居民需求，确保能够将供给资源与居民需求有效衔接，进一步提升项目孵化的创造性与及时性。积极创新项目孵化机制，凝聚区域志愿服务力量，服务社区需求，尤其要鼓励基于社区的"随手公益""微公益"等灵活性较强的项目运作，并形成具有特色优势的活动品牌。要围绕重大活动、扶贫救灾、敬老救孤、恤病助残、法律援助、文化支教、环境保护、健康指导等重点方面，关注贫困人员、残障人士、空巢老人、留守儿童等特殊群体，打造一批示范性强、影响力大的品牌项目，在贴近百姓、服务民生中提升社区志愿服务社会化、项目化、专业化运作水平，推动构建共建共享、共治善治的社会治理新格局。

5. 加强过程监督和评估，增强社区志愿服务多元主体的获得感。完善"需求排摸、志愿者招募、项目实施、过程监督、效果评估、优化提升"的闭环式项目管理流程，形成志愿服务制度化常态化与提升服务质量和满意度的良性循环，其中过程监督和效果评估是关键所在。评估的标准需要与社区志愿服务中心的功能定位紧密相连，评估的方式也需要结合社区志愿服务中心的具体情况，尤其在机制上需要针对社区志愿服务中心、志愿服务项目及志愿服务团队建立全方位的评估体系。一是针对志愿服务团队的评估，不仅要评估团队资质、内部管理等团队自身情况，也要评估团队承接的服务或项目执行情况；二是针对志愿服务项目的评估，主要体现志愿服务"全过程、全要素、全团队"三个维度，贯穿项目实施、项目执行各要素以及团队建设；三是针对社区志愿服务中心的评估，可根据社区志愿服务中心的发展，不断拓展功能领域和评估内容。通过这三个层次的评估，来实现对社区志愿服务运作的整体评价。需要指出的是，这种对于社区志愿服务的多维度评估可以引入社会化机制，同时也要发挥社区党组织党建引领，使其能够在社区发展的整体格局中凸显其重要影响力。要加强志愿服务各个环节的闭环式管理和监督，包括对志愿服务的前期需求评估，志愿者的职责和任务设计，志愿者招募、挑选和匹配，志愿者教育和培训，志愿者日常管理和指导，志愿者激励，以及志愿服务项目的绩效和影响评估，不断提升志愿服务项目管理的科学化水平。

上海市精神文明建设委员会办公室
上海市志愿者协会
上海社会科学院社会学研究所
上海市志愿服务研究中心
2020 年 12 月

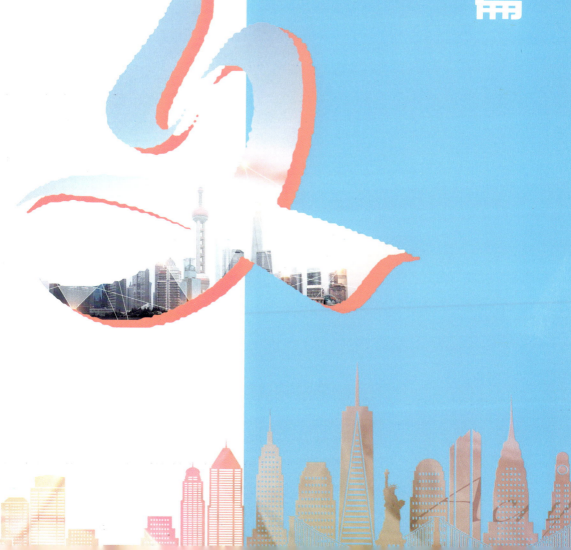

实务指引篇

实务指引篇

本篇章将分别围绕区级志愿服务指导中心四大功能即"统筹协调功能、指导服务功能、管理监督功能、宣传引导功能"和社区志愿服务中心九大功能即"供需对接功能、注册认证功能、项目孵化功能、资源整合功能、能力建设功能、团队培育功能、指导监督功能、激励保障功能、文化建设功能",结合基层成功经验,对两中心日常实务工作的目标、内容和方法进行指引。

区级志愿服务指导中心建设指引

区级志愿服务指导中心是区级志愿服务枢纽型支持平台,区级中心在统筹发展四大功能的目标引领下,应在区文明办的引领和指导下重点强化区域志愿服务事业的顶层设计,注重"建机制、搭平台、塑品牌",为科学规范地推动区域内各社区志愿服务中心、学雷锋志愿服务站和区级志愿者服务基地可持续发展提供目标、路径和方法。

一、顶层设计指引

区级志愿服务指导中心应围绕四大功能即统筹协调功能、指导服务功能、管理监督功能和宣传引导功能进行顶层设计，对各项功能建设提供体系化、制度化保障。顶层设计的具体内容可参考下列表单所指引的"基础项"内容和"创新项"内容，其中"基础项"内容是区级中心进行顶层设计时可能包含的内容项，"创新项"内容则需区级中心结合本区域实际进行考量和选择。

表1：区级志愿服务指导中心顶层设计指引表

内容分类	基础项内容	创新项内容
统筹协调功能	结合市文明办相关规划指引，制定阶段性发展规划，统领全区志愿服务事业可持续发展。	制定区级志愿服务数据统计和发布制度。
	制定志愿服务联盟组织培育方案，发展区域共治体系。	
	制定区级品牌项目培育方案，整合和配置条块和社会化资源。	
	制定志愿服务信息管理制度，收集、汇总各类志愿服务信息。	
	建立区域志愿服务数据库，掌握区域志愿服务供给和需求动态情况，定期开展数据梳理、分析和运用。	
指导服务功能	结合全区发展规划指引，编制《社区志愿服务中心指导手册》，统领街（镇）志愿服务事业可持续发展。	在结合《上海市社区志愿服务中心功能优化评估标准》和"创新、创优"上海市社区志愿服务示范中心建设相关指引的基础上，形成本区升级版社区服务中心功能优化标准。
	制定年度培训计划，强化师资培育和课程研发效能。	
	制定需求和问题常态化调研制度，强化日常指导效能。	
	依托大数据治理理念，制定数据分析制度和应用策略。	
管理监督功能	以构建发展共同体为导向，制定规范管理监督体系。	依据本区社区服务中心功能优化标准，制定管理监督体系。

内容分类	基础项内容	创新项内容
		依据示范型志愿者服务基地功能优化标准，制定监督管理体系。
		依据示范型志愿服务站功能优化标准，制定监督管理体系。
		依据品牌项目评估标准，制定监督管理体系。
宣传引导功能	制定全区年度志愿文化营造实施计划，强化理念凝练、项目品牌建设和示范榜样引领对文化营造的重要作用。	依托"12·5国际志愿者日"，制定有影响力的回馈志愿者行动计划。
		以志愿服务联盟组织为主体，每年组织联盟成员开展一次志愿服务论坛或主题大会。
		整合碎片化宣传媒介资源，构建网络传播联盟。

二、顶层设计原则

（一）"共识共创"原则

志愿服务事业已经成为一项全民参与的社会公共事业。"参与志愿服务"和"成为一名志愿者"是社会共识，而"共识"既是实施动员和整合志愿服务力量的基础，也是构建发展共同体最核心的驱动因子。在实践中，"共识"多数是形成于个体组织中或某小微区域内，属于"有限共识"，造成了行动组织或个体的原子化状态，既限制了资源价值的发挥，也消减了志愿者动力和志愿服务合力。

因此，区级志愿服务指导中心应注重考量如何持续强化共识，如何站在全局高度扩展共识的维度和内涵，以及如何设计强化共识的路径和方法。"共创顶层设计"是一个有效的系统性解决方案，一方面是因为顶层设计的内容广博复杂，设计内容需要常态化调适，规划和实施的主题需要精细化设计等，这对参与设计者的数量、多元性和专业性有较高的要求，仅靠行政力量或某个社会服务机构较难完成；另一方面，共创的过程也是共识培育和形成的过程，区级中心的共创实践会激发志愿服务联盟组织、社区志愿服务中心、学雷锋志愿服务站、志愿者服务基地和志愿服务组织等共治或参与主体在各自实践过程中的共创实践精神和支持完善志愿服务体系的主观能动性和创造力。

（二）"条块联动"原则

党建、民政、科教文卫体、工青妇等条线服务平台中包含着丰富的志愿服务资源，平台中的志愿服务资源不仅数量庞大，而且在品牌建设和体系建构方面多有建树。对于作为区域志愿服务事业统筹主体的区级志愿服务指导中心来说，在构建志愿服务资源整合配置机制和体系的职能导向下，应对条块资源和事业动态有常态化调研的计划安排，通过研判和顶层设计，尽可能规避"资源割裂，各行其是"的状况，形成并逐步完善条块资源整合的机制，积极推进条线联手或条块联动。

（三）"协同参与"原则

上海全市各区已经形成了"区级志愿服务指导中心－社区志愿服务中心－学雷锋志愿服务站"三级体系。从实践成效角度观察，体系需要更新和完善的空间还比较大，而在完善志愿服务体系的整个过程中还需要激发多元共治参与主体的能动性和创造力。因此，区级志愿服务指导中心推进各项工作的同时，应注重考虑如何强化各共治参与主体自下而上协同参与的能效。围绕这个命题，区级中心在顶层设计中可重点回应相关的两个核心问题，即"自下而上参与的路径是什么"和"自下而上参与的主体是谁"。

（四）"全域布局"原则

区级志愿服务指导中心应重视近几年本区社会治理体系的演变及发展态势，如杨浦区的"睦邻家园"建设，浦东新区的"家门口"服务体系建设等，而志愿服务事业如何有机嵌入社会治理体系已经成为一项需要研究和破解的重要课题。因此，区级志愿服务指导中心应以"区级志愿服务指导中心－社区志愿服务中心－学雷锋志愿服务站"三级体系为基础，结合本区社会治理体系的现状及发展预期，通过制定嵌入城市基层党建体系、联盟组织培育、条块联动、空间赋能等多元实施发展策略，实现志愿服务事业的"全域统筹"和"系统布局"，持续践行"志愿服务事业是全社会共同事业"的理念。

三、功能建设指引

本篇章立足于顶层设计指引，通过分别梳理区级志愿服务指导中心各个功能建设的核心目标、常见问题和对策指引等内容，指导中心功能的系统性建设。

（一）统筹协调功能

1.核心目标

统筹协调功能主要包括资源整合和信息融合两项子功能，应分别设定两项子功能的核心目标：

（1）资源整合

发挥体制优势，加强与党建、民政、科教文卫体、工青妇等条线服务平台的合作联动和条块资源整合。由区级中心统筹，通过条线联手或条块联动，形成具有全区影响力的志愿服务常态化项目不少于10项。

撤动社会力量，通过建立协同参与机制、组建联盟组织、开展项目招标等方式，整合民间各类志愿服务资源和力量，促进跨界合作、资源共享。由区级中心统筹，通过社会多元主体合作参与，形成具有全区影响力的志愿服务常态化项目不少于10项。

（2）信息融合

加强上接上海志愿者网、下连社区志愿服务中心的中枢信息平台建设，积极收集、汇总各类志愿服务信息，形成区域志愿服务信息化建设整体格局。

建立区域志愿服务数据库，掌握区域志愿服务供给和需求动态情况，定期开展数据梳理、分析和运用。

2. 常见问题

（1）培育条线志愿服务联盟组织方面

缺乏联盟意识和系统化机制。在各区强化社会治理体系建设和创新背景的驱动下，社会治理的目标任务、治理资源一直在多元化、精细化等方面处于动态调适中，仅依托于简单的沟通联系已经无法适应条块资源整合和条块联动这种动态变化的状态，需要条线共同体培育起共建共创的联盟意识，建立起科学系统的机制。

缺乏共同孵化品牌项目的行动机制。活动共办、项目共建是联动条线资源的主要目的，条线资源丰厚且具备系统化的动员和组织能力，对于孵化培育品牌项目具有明显的基础条件和优势。在实践中，由于缺少规划设计、工作人员经验和精力不足、条线合作动力不足以及对品牌项目的认知不足等原因，导致活动数量虽较多但品牌项目孵化能效却普遍较弱。

（2）培育社会化志愿服务联盟组织方面

参与具体项目孵化的动力不足。社会化志愿服务组织参与街（镇）或居民区组织的志愿服务项目较多，也有参与全区性联盟组织培育的意愿，但却存在参与具体项目孵化的精力和动力不足的问题。在街（镇）志愿服务、城市基层党建等平台体系的驱动下，越来越多的志愿服务组织融入其中，区级志愿服务指导中心在培育志愿服务联盟组织的过程中应重点考虑这个要素，对计划整合的志愿服务组织及其参与的平台、项目和能效进行充分调研，形成分类管理模式。

动力机制的研究水平较低。区级层面缺乏对社会化志愿服务组织动力机制的研究和实践，造成联盟组织培育存在形式大于内容的问题。社会化志愿服务组织不同于有体制优势的条线志愿服务组织，使得区级志愿服务指导中心对其动员、组织和激励的难度相对较大。因此，研究社会化志愿服务组织的动力机制是一个重要课题。

（3）培育志愿服务共治联盟组织方面

分享意愿和动力不足。社区志愿服务中心具有竞争意识，但缺乏在联盟组织平台上分享的意愿和动力。社区志愿服务中心存在对尚未实践或实践并不成熟的创新工作方法和项目的相关信息有过度保护意识的问题，消减了共治交流平台的活力和可持续性。

服务机制建设不完善。区域志愿服务共治平台是激发各共治主体自主提升治理能效意愿的有效路径。在实践中，存在区级志愿服务指导中心以提"工作要求"和"评估监督"为主的问题，缺乏对各共治主体提供服务的系统性机制设计，不利于增强各共治主体协同参与的活力和意愿。

（4）培育区级品牌项目方面

重活动，轻品牌。由于大型志愿服务活动的展示度较高、实施周期短却容易形成较高的社会关注度，且活动的设计和组织实施对组织者所需的动员能效以及知识经验要求有限，因此大型活动的组织与开展受到组织者的广泛青睐，志愿服务品牌项目的建设却略显停滞。

（5）制定志愿服务信息管理制度方面

缺乏高效的信息管理工具。在信息收集、汇总的工作实践中，各信息拥有者提供的信息需要区级志愿服务指导中心进行统筹归并，区级中心要求反馈的信息量越大，信息数据统筹归并的成本就越高。

3. 对策指引

（1）坚持市区两级文明办统领，促进志愿服务可持续发展

结合市文明办相关规划指引，在区文明办的引领下制定阶段性发展规划，统领全区志愿服务事业可持续发展。制定发展规划是开展统筹工作必要的前置基础性工作，可以为区级志愿服务指导中心履行统筹协调职能提供明确的对标依据和工作导向。制定目标要求时主要围绕三个建设工作主题，即对"完善志愿服务体系建设""区级志愿服务指导中心四大功能建设"和"社区志愿服务中心九大功能建设"进行综合考量和设计。各区可结合实际针对志愿服务联盟组织、志愿者服务基地、学雷锋志愿服务站、志愿服务组织等制定相关建设目标。

（2）培育志愿服务联盟组织，发展区域共治体系

培育志愿服务联盟组织的目的是强化资源整合和联动共建的能效，区级志愿服务联盟组织所涵盖的志愿服务主体主要分为三种类型：一是条线志愿服务力量，包括党建、民政、科教文卫体、工青妇等；二是社会化志愿服务力量，包括企事业单位志愿服务力量、专业公益服务组织和草根志愿服务组织等；三是志愿服务共治主体力量，包括社区志愿服务中心管理团队、学雷锋志愿服务站管理团队和志愿者服务基地管理团队等。因三类志愿服务主体在协同参与的目标和内容方面有较大差异，不适宜将三类主体整合进同一个联盟组织平台内。因此，区级中心应分别对应三类志愿服务主体制定志愿服务联盟组织培育方案。

· 培育条线志愿服务联盟组织

培育以条线主体为中心的志愿服务联盟。针对某具体条线主体共同发起培育志愿服务联盟。联盟可以采用理事会治理模式，具体治理体系由理事会确定。如针对团区委，可联动各街（镇）团工委共同发起成立"青年志愿服务联盟"等。

培育项目共创小组。针对某具体条线主体共同组建"项目共创小组"。项目共创小组以培育区级品牌项目为目标导向。小组成员除包括条线负责人之外，可吸纳其他非条线的志愿服务组织共同参与。小组可采用组长负责制，组长人选应依据实际情况共议确定。如针对教育局，可联动街（镇）教育主管部门、学校等，共同组建"学生校外志愿者服务基地建设"项目共创小组；针对应急管理局，共同组建"应急知识普及志愿者讲师团"项目共创小组等。

· 培育社会化志愿服务联盟组织

培育以行业单位主体为中心的志愿服务联盟。联动企事业单位志愿服务组织、专业公益服务组织和草根志愿服务组织共同发起培育志愿服务联盟。联盟可以采用理事会治理模式，具体职能设计由理事会确定。

培育以特定服务区域为重点的志愿服务联盟。联动区级志愿者服务基地管理和服务团队共同发起培育志愿服务联盟。因联盟服务的区域单一且参与组织相对较少，联盟可以采用基地管理团队直接主导负责的治理模式。

培育以特定服务对象为重点的志愿服务联盟。针对全区某一特定服务对象，由区级志愿服务指导中心联动相关志愿服务组织发起培育志愿服务联盟。联盟根据服务对象的分布情况、服务对象数量和参与组织的数量等因素确定联盟治理模式，既可以采用理事会治理模式，也可以采用区级志愿服务指导中心或某一核心志愿服务组织直接主导负责的治理模式。如针对全区自闭症患者群体，可以发起培育"自闭症关爱联盟"等。

培育项目共创小组。针对某品牌项目发起培育项目共创小组。小组可采用组长负责制治理模式，组长人选依据实际情况共议确定，小组成员可吸纳所有参与的志愿服务组织的负责人。对于服务能效较大的志愿服务组织，区级志愿服务指导中心初期可以和单个组织共同组建项目共创小组，并同步需要和单个组织达成共识，引导组织将项目共创小组升级为凝聚项目资源的服务平台，共同影响其他有意愿参与的志愿服务组织加入共创小组。具体实践中，区级品牌项目可能较少，区级志愿服务指导中心可以通过精准研判将街（镇）或居民区品牌项目升级为区级品牌项目，促进项目共创小组的培育。

激励社会化组织参与联盟组织的三种策略。即"企业文化共建"反哺模式、专业智能服务工具开发及应用和"志愿服务引导师"制度。其中"企业文化共建"反哺模式是区级志愿服务指导中心将志愿服务参与平台转化成为企业文化共建的载体，通过志愿服务数据反馈、荣誉证书等表彰，典型人物宣传和企业团建活动空间共享等方式助力企业文化建设，强化企业领导人的认同感和获得感；专业智能服务工具致力于提升企业融入、共建的效能，节省企业精力，如在线调研工具、信息共享和传播工具以及方案共创工具等；"志愿服务引导师"制度是指区级志愿服务指导中心通过购买多个专业社会组织服务的方式为企业匹配专业支持力量，解决企业对社区志愿服务体系陌生、项目策划难等重要问题。

• 培育志愿服务共治联盟组织

培育志愿服务共治联盟。联合各社区志愿服务中心、志愿者服务基地代表、学雷锋志愿服务站代表发起培育志愿服务共治联盟。联盟既可以采用区级志愿服务指导中心直接主导负责的治理模式，也可以采用各社区志愿服务中心轮值负责的治理模式。

以创建志愿服务示范型街区为目标培育志愿服务共治联盟。针对特定区域，如企业园区、商业街区等资源较为聚集的街区，对周边社区来说，其潜在价值能效较大，但对于街区所属街（镇）的社区志愿服务中心来说，其组织动员、资源挖掘和整合的难度也相对较大。因此，区级志愿服务指导中心可以主动作为，联合相关社区志愿服务中心共同评估盘活和整合街区资源的难度，并共同制定实施方案。依据评估研判，区级志愿服务指导中心可以决策是否要以"创建志愿服务示范型街区"为目标，联动街（镇）、园区运营机构和核心企业单位等发起培育志愿服务共治联盟。联盟可以采用理事会治理模式，区级志愿服务指导中心在联盟中应联动社区志愿服务中心重点发挥好指导和服务职能。

（3）培育区级品牌项目，提升资源配置效能

品牌项目是有效整合和配置条线和社会化资源的枢纽型平台。一方面，区级志愿服务指导中心和每个条线都可以策划和实施一个或多个区级品牌项目，并在条线服务平台体系之下扩展项目能级，持续提升条线资源整合和配置能效。另一方面，区级志愿服务指导中心可在明确有跨街（镇）服务能级的志愿服务组织的前提下，通过对志愿服务组织能效的分析、研判，积极引导此类组织参与共创区级品牌项目。

· 区级品牌项目和街（镇）级品牌项目的区别

区级志愿服务指导中心在培育品牌项目方面和社区志愿服务中心有一定的差异性，具体表现在三个方面：

在服务对象方面，区级品牌项目可以覆盖街（镇）域内品牌项目较难覆盖的对象，特别是需要专业志愿者提供服务的对象，如自闭症儿童、盲童、有自我应急救助需求的老人等。

在作为营造志愿文化的载体方面，区级品牌项目在规模化效应和传播能效方面有更大优势，因此区级志愿服务指导中心作为营造志愿服务文化的主体力量可以发挥更大作用。

在作为整合和配置条线和社会化资源的载体方面，区级品牌项目有整合条线资源的优势，同时对于有能级跨街（镇）开展志愿服务的服务组织资源，需要依托区级品牌项目作为支撑平台。区级志愿服务指导中心和社区志愿服务中心等共治主体同步联动，在全区范围内通过区级品牌项目有效配置各项资源，强化共治机制。

•区级品牌项目培育要点分析

掌握信息资源，挖掘潜在需求。全面了解条线服务平台体系、内容和资源禀赋，挖掘并掌握条线参与志愿服务的需求或潜在需求。与条线联手培育区级品牌项目依托的是条线资源，区级志愿服务指导中心应在充分尊重条线服务平台运行逻辑、特征和需求的框架下分析运用资源服务于品牌项目培育的策略和方法。例如与区文广局共同培育"文化志愿者服务基地"项目，区级志愿服务指导中心需要提前掌握区、街（镇）和居民区三级文化阵地的布局情况、各类文化阵地实际运行能效和普遍运行规律以及各类文化阵地是否具备对接文化志愿者的积极意愿和提供专业服务的能力等信息，只有在全面掌握上述信息之后才能做好项目设计工作。

整合服务组织，共创品牌项目。整合有跨街（镇）服务能力的志愿服务组织，多路径联动各组织共创品牌项目。区级志愿服务指导中心通过调研、挖掘，全面梳理有跨街（镇）服务能力的志愿服务组织。在摸清各志愿服务组织需求的基础上，可以凭经验提出具体项目构思，经初步判定，联合具有潜在参与该项目意愿和能力的志愿服务组织展开讨论并商定。区级志愿服务指导中心也可组织有同类需求的志愿服务组织召开讨论会，共同谋划项目内容。对于可独立承担一个品牌项目组织实施责任的志愿服务组织，区级志愿服务指导中心可以专注于和该组织合力策划品牌项目。在项目商定之后，由区级志愿服务指导中心主动推介，引导和吸纳更多的志愿服务组织参与该项目。区级志愿服务指导中心在和各组织开展对接讨论会的过程中，分享成熟的项目案例对激发参与组织的主观能动性有较好的激励作用。如果讨论会是围绕明确的项目主题展开，区级志愿服务指导中心需要在讨论会前对项目的成效进行预判并形成分析材料，以激发组织参与项目的主观能动性。

营造志愿文化，丰富品牌内涵。营造志愿文化是区级志愿服务指导中心的重要使命，以品牌项目为载体是营造的有效策略。如成都市公益组织培育的"义仓""一勺米"计划和"一个观众的剧场"等品牌项目，不仅在成都本土有一定影响力，在全国范围内另有多个公益组织也参与其中，形成品牌文化内涵。区级志愿服务指导中心应注重项目品牌建设，通过品牌项目塑造鲜活的、富有志愿精神的人和行动，让每一个人、每一次行动成为志愿文化传播的核心资源。

选拔专业人员，匹配项目需求。丰富的志愿者资源是培育品牌项目的基础保障，区级志愿服务指导中心应在充分分析服务对象的基础上，重点考虑设计需要对接多元化、复合型资源，尤其是专业志愿者资源的项目，同社区志愿服务中心培育的品牌项目形成互补之势，避免出现竞争关系。

强调使命价值，注重整体成效。区级志愿服务指导中心应充分理解品牌项目建设的使命和价值，弱化"展示型"社会工作的思维模式，以注重成果的心态尽可能地把大型活动作为"项目产出"嵌入品牌项目设计体系中去。如某区级志愿服务指导中心每年会在"12·5"国际志愿者日举办倡导型主题活动，每年活动主题设计均有不同，区级中心试图通过此类活动在全区层面倡导全社会关注和参与志愿服务的良好氛围。活动自开展以来，区级中心通过对活动的成果评估，认为活动远没有达到成果预期。为应对此类问题，区级中心将"12·5"主题活动嵌入至倡导型品牌项目规划的框架下进行思考和设计，策划区级倡导型品牌项目，扩展倡导的内容形式、参与的组织和媒体等资源，只将"12·5"主题活动作为项目整体内容中的年终总结性活动部分。

（4）制定信息管理制度，规范信息收集汇总

制定区级志愿服务信息管理制度应以强化四大功能建设为导向，具体制定时应结合区域发展实际，不宜遵循统一模式。依据本篇章对区级志愿服务指导中心的"顶层设计指引"中的"基础工作项"

培训和配送培训资源，并完成年初既定目标。

积极组织相关人员参加市级志愿服务培训；平均每季度开展区级培训不少于1次；隶属于区级层面管理的各类志愿服务组织或团队每年参加区级培训的比例应达到50%以上。

（2）日常指导

指导各社区、各条线共同做好登记注册、服务时间记录（包括学生参与志愿服务记录）、志愿者证打印及出具志愿服务证明等信息化建设工作。

开设日常接待和指导窗口，建立相应的工作机制，开展面向社会的志愿服务信息咨询服务；协调处理跨社区、跨系统、跨领域的志愿服务问题；发挥专家团队和骨干力量作用，为志愿服务团队提供业务指导。

（3）支持培育

支持和发展志愿服务组织或团队，协调各方，为其提供经费扶持、场地支持、技术支撑、业务指导、项目合作、能力培养等资源和服务，提升能力，凝聚力量。

注重志愿服务领军人物、组织领袖、团队骨干等的挖掘和培养，发挥其在团队建设中的示范引领作用。

积极扶持区域内有需求、受欢迎的常态化项目或有需求、有潜力的初创项目，为这些项目突破发展瓶颈，扩大覆盖面和受益面，提供资源支持和服务保障，激发志愿服务创新活力和动力。

2. 常见问题

（1）缺乏常态化、系统化培训制度的设计

社区志愿服务中心、区级志愿服务基地和区级志愿服务团队骨干是区级志愿服务指导中心重点培训的对象，这些培训对象也是其所服务区域或团队的培训实施主体。因此，区级中心一方面要考量不同类别培训对象的需求差异并分类制定常态化进阶型培训计划，另一方面也要考量如何支持各培训实施主体推动和开展培训工作，强化培训联合主体的合力建设。

（2）缺乏师资和课程资源

培训制度的设计需要师资和课程资源作为支撑，师资和课程资源的缺失问题对于区域内其他培训实施主体也同样存在，因此，区级中心应重视建立培育师资、丰富课程资源的策略。

（3）缺乏激励自主学习的制度设计

仅靠培训作为能力建设的主要策略是不足的，社区志愿服务中心、区级志愿服务基地和区级志愿服务团队骨干作为重要的志愿服务管理主体，其自主学习的意愿和能力对于志愿服务事业发展至关重要。因此，区级中心应制定服务支持策略和相应制度，鼓励自主学习。

（4）缺乏精细化主动服务策略的设计

在日常指导和支持培育方面，建立主动服务策略，让服务对象群体了解区级中心具体可以提供哪些指导支持、具体内容细节、如何提供以及需要服务对象怎样的协同配合等是服务型中心建设的基本要求。在实践中，社区志愿服务中心通常接收到的是指令性和需要配合的信息，而接收到的区级志愿服务指导中心主动服务的相关信息却较少。

3. 对策指引

（1）编制指导手册，统筹区域志愿服务协调发展

区级志愿服务指导中心在《上海市社区志愿服务中心功能优化评估标准》和"创新、创优"上海市社区志愿服务示范中心建设等相关政策机制的指引下，可以形成对社区志愿服务中心的基础性指导服务框架。在这个基础上，区级中心可参考对社区志愿服务中心的实务指引内容，本着创新发展的理念，努力回应和引领新时代发展的需要，编制符合本区域实际的《社区志愿服务中心指导手册》。

在具体实践中，区级中心可以从以下五个方面着手制定具有创新发展特征的指导服务框架，保障指导手册具有引领性、精准性、全面性的指导能效。

· 因地制宜制定社区志愿服务中心功能优化标准落实细则

在现行《上海市社区志愿服务中心功能优化评估标准》的基础上，社区志愿服务中心的功能再优化需要以持续健全社区志愿服务体系为前提和基础，即社区志愿服务体系的建构成果是驱动功能持续优化的"引擎"和"领航者"。体系建设和功能优化始终处于动态变化和发展的过程中，两者相辅相成，相互促进。因此，区级志愿服务指导中心应以完善社区志愿服务体系为目标导向，进一步思考和设计如何将学雷锋志愿服务站建设、志愿者服务基地建设、品牌项目建设和企业服务策略等融入体系建设中去，并在实践中不断提质增效，制定更加符合区域发展实际的社区志愿服务中心功能优化标准落实细则。

· 制定学雷锋志愿服务站建设指引

社区志愿服务中心和学雷锋志愿服务站共同构建了街（镇）区域内的志愿服务平台一体化网络体系。学雷锋志愿服务站的功能是立足于站点所覆盖的服务区域，协同社区志愿服务中心合力推进实施九大功能建设的各项工作任务。在服务站的服务区域内，服务站是社区中心九大功能落地的载体，社区志愿服务中心重在指导和支持。从这个意义和定位出发，区级志愿服务指导中心在编制《社区志愿服务中心指导手册》时可以依据九大功能建设指引制定学雷锋志愿服务工作站的建设细则。

学雷锋志愿服务站的建设一般包括五种模式：（一）在村（居）内设置，一般在一个村（居）委所辖的区域内设置一个，有条件的街（镇）可以在每个自然小区或每个村民小组的临近区域内设置一个。（二）在街区内设置，一般在开放街区空间内或公共区域内设置，如商业步行街、火车站、公园等。（三）在具有公共服务职能的公共空间内设置，如邻里中心、社区文化活动中心等。（四）在商业空间内设置，如商业楼宇内、企业园区内等。（五）在企业内部设置，如大型企业集团。

各类学雷锋志愿服务站在九大功能建设方面的能效具有差异性，下列表格对五种模式的学雷锋志愿服务站的建设指引进行了分类描述：

表2：五种模式志愿服务站的功能建设指引

功能项	居村内	街区内	公共空间内	商业空间内	企业内部
供需对接功能	同社区志愿服务中心	招募志愿者为主	同社区志愿服务中心	依据认领项目的需求，针对区域内企业招募志愿者	依据认领项目的需求，针对区域内企业组织志愿者
注册认证功能	由学雷锋志愿服务站负责实施				
项目孵化功能	以构建邻里互助体系为导向孵化项目，引入志愿服务力量孵化项目	有明确常态化服务项目，项目相对固定	同社区志愿服务中心	孵化服务区域内工作者的项目，孵化可输出项目	孵化可输出项目
资源整合功能	同社区志愿服务中心	主要是整合志愿者资源	同社区志愿服务中心	以孵化项目为导向，整合区域内各企业主体的资源	形成一个或多个志愿服务团队
能力建设功能	以培育志愿者专业服务技能为主				

功能项	居村内	街区内	公共空间内	商业空间内	企业内部
团队培育功能	按照一个或多个项目必须由一个责任主体负责的模式培育团队				内部动员并组建一个或多个团队
指导监督功能	以"问题清单"制度为核心实施指导监督功能				
激励保障功能	同社区志愿服务中心	组织志愿者开展有获得感的活动；在"12·5"国际志愿者日举办志愿者表彰活动	同社区志愿服务中心	组织志愿者开展有获得感的活动；在"12·5"国际志愿者日举办志愿者表彰活动	建立企业内部激励褒奖制度
文化建设功能	同社区志愿服务中心	通过空间载体形象、宣传品、志愿者形象等有展示度的载体营造文化	同社区志愿服务中心	在区域内明显处设置专属展示园地	把服务站建设纳入企业文化建设体系中

设置各类学雷锋志愿服务站时应同步考虑如何确定服务站的管理主体。对于居（村）内志愿服务站，目前主要是由社区两委负责，但在具体实践中，负责人的精力较难保障管理的成效。面对这个普遍存在的问题，区级志愿服务指导中心可以设计"多元主体分担"工作模式探索解决方案，即区级中心对服务站的工作进行充分研判，列出工作细分项及对应工作量，并根据工作性质和要求对"细分工作项"（适合由社区两委、志愿者还是通过购买服务引入的社会组织来承担）提出具体引导方案。对于街区内学雷锋志愿服务站，一

般可采用派驻核心志愿者或志愿服务组织等方式进行管理。对于公共空间内学雷锋志愿服务站，一般由政府派驻的社工或负责空间运营的第三方社会组织进行管理。对于商业空间内学雷锋志愿服务站，一般由志愿服务组织或志愿者轮值管理。对于企业内学雷锋志愿服务站，由企业安排专人负责管理。

· 制定志愿者服务基地建设指引

志愿者服务基地是指为志愿服务组织或志愿者提供明确志愿服务岗位、活动或项目的场所，且场所内有常态化服务对象群体，如医院、养老院等。有的志愿服务站也具备以上特征属性，如邻里中心等。针对此类情况，可以将场所定位为志愿者服务基地和志愿服务站两块功能阵地，并依据各自功能建设目标导向进行建设。

引入志愿服务组织或志愿者开展服务是志愿者服务基地的主要任务，区级志愿服务指导中心可以围绕这个任务主题设计一套包含"志愿者招募、志愿者培训、服务流程和质量管理、激励褒奖"四个方面内容的志愿者服务基地建设指引内容体系。

表3：志愿者服务基地建设指引表

功能类别	功能细分项	建设指引
志愿者招募	招募资料设计规范	内容设计模块：由志愿者服务基地自行设计，内容可包括志愿者服务基地介绍、志愿服务对象说明、志愿服务内容说明、对志愿者的要求、培训说明、报名方法、现场联系人等内容。
		统一形象识别设计：由志愿者服务基地自行设计，设计时需使用统一LOGO、标注某区或某街（镇）"志愿者服务基地"等。
	招募流程设计规范	志愿服务组织招募流程：由志愿者服务基地使用上海志愿者网，可包括报名流程、现场接待流程、确认流程等。

功能类别	功能细分项	建设指引
		志愿者招募流程：由志愿者服务基地自行设定，可包括报名流程、现场统一接待流程、确认流程等。
志愿者培训	线下培训	由志愿者服务基地自行制定培训计划。
	线上培训	由志愿者服务基地自行组建微信群，并开展日常线上培训指导。
服务流程和质量管理	现场服务流程管理	由志愿者服务基地自行制定现场服务流程，并制定相应管理制度。
	现场服务质量管理	由志愿者服务基地自行监督现场服务质量，并制定相应管理制度。
激励褒奖	表彰主题大会	由志愿者服务基地自行制定表彰主题大会的时间、主题、议程等。

区级志愿服务指导中心和社区志愿服务中心应分别建立区级志愿者服务基地库和街（镇）志愿者服务基地库，对志愿者服务基地信息进行整合，建立统一宣传阵地，实时更新发布信息。

·构建企业参与文化支持体系

企业是志愿服务的重要参与主体。在实践中，企业参与志愿服务方面主要存在三个核心问题：一是参与意愿偏低。受资源限制，企业主观认为自身参与能效有限，无法形成理想的志愿服务项目。应对此类问题，社区志愿服务中心可以通过"项目共创"理念吸引企业参与，引导企业转变观念，将自身资源视作项目的部分资源支持项目共创；二是专业性不足。企业在策划匹配社区应用场景的志愿服务项目方面专业性有待提高。应对此类问题，社区志愿服务中心应加强对策划的支持力度，必要时可以通过购买专业机构和人员的服务为企业匹配策划服务力量；三是参与动力较弱。应对企业参与志愿服务的动力不强的问题，社区志愿服务中心可以和企业共同谋划"企业文化共建"的实施路径和策略，即引导企业把参与志愿服务看作企业文化建设的重要组成部分，提升企业的获得感和企业领导人对志愿服务的认可度。

（2）制定年度培训计划，提高师资培育和课程研发能力

区级志愿服务指导中心制定的年度培训计划应包括培训对象界定、需求调研策略、培训课程和培训方式、培训周期和频率、师资培育策略、课程研发策略和课程改善策略等内容。

培训对象界定。包括社区志愿服务中心全体管理人员、部分学雷锋志愿服务站负责人、区级志愿者服务基地负责人和部分街（镇）级志愿者服务基地负责人以及部分志愿服务组织负责人等四类培训对象群体。

需求调研策略。应针对各类培训对象群体分别制定调研方案，充分了解培训需求。

培训课程和培训方式。应针对各类培训对象群体分别制定培训课程和适用的培训方式，并应重视依托微信群的线上培训内容设计。

培训周期和频率。应针对各类培训对象群体分别制定培训周期和培训频率。

师资培育策略。使用上海志愿者网，面向全市招募志愿服务讲师，尤其注重对社会组织中优秀讲师的挖掘，培育志愿服务讲师团。

课程研发策略。结合课程需求调研结果，面向全市乃至全国招募课程研发机构，或通过明确课程主题的方式引导机构认领研发课程项目，也可以委托专业社会组织研发培训课程。

课程改善策略。通过实施课程督导、满意度评价和常态化培训需求调研等策略，持续更新和改善课程。

（3）制定常态化调研制度，提升日常指导效能

"需求"和"问题"是区级志愿服务指导中心开展日常指导的重要依据，而"需求"和"问题"是动态变化的，这需要区级志愿

服务指导中心建立常态化的"问题"和"需求"调研机制。区级中心建立"需求定期征集制度"，定期通过电话、微信等方式针对志愿服务联合体、项目共创小组、社区志愿服务中心、区级志愿者服务基地和志愿服务组织征集需求。区级中心也可建立"问题分析总结制度"，通过实地走访观察、志愿服务数据统计和分析等方式，多维度建立问题发现机制，定期形成问题分析总结报告。

（4）制定数据分析应用策略，发挥大数据治理优势

区级志愿服务指导中心应结合四大功能建设的目标，建立能效分析模型，依托"上海志愿者网"对标模型，通过数据分析对四大功能建设情况进行定期诊断，形成诊断报告，并将诊断报告作为制定下一步行动计划的核心依据。

（三）管理监督功能

1. 核心目标

监督管理功能包括规范管理、过程监督和绩效评估三项子功能，应分别设定三项子功能的核心目标：

（1）规范管理

建立区、街（镇）社区志愿服务中心和居（村）学雷锋志愿服务站三级志愿服务网络。区级志愿者服务基地不低于 20 家，社区志愿服务中心覆盖率达 100%。

构建内外贯通、纵横衔接的组织运行体系，将区级中心、社区志愿服务中心、志愿者服务基地纳入系统化、标准化管理，形成相配套的日常管理制度、组织架构、运作流程。

（2）过程监督

建立常态化督查机制，加强对社区志愿服务中心九大功能的落实和志愿者服务基地作用发挥情况的日常督促检查。

搭建沟通交流平台，促进社区志愿服务中心、志愿者服务基地等各类阵地之间学习研讨、分享经验和合作。

（3）绩效评估

制定绩效评估制度，按照《上海市社区志愿服务中心功能优化评估标准》要求，每年对社区志愿服务中心九大功能发挥情况进行评估，出具年度社区志愿服务中心评估报告，并督促整改完善，提升社会效益和群众满意度。

2. 常见问题

（1）三级阵地一体化管理有待加强

社区志愿服务中心、志愿者服务基地"各自为政，独立发展"的现象较为普遍，区级志愿服务指导中心致力于打破这种原子化运营状态，促进区域协同发展，构建志愿服务发展共同体。

（2）学雷锋志愿服务站建设能效有待提升

越来越多的居（村）委会已经充分认识到志愿服务工作在现代化社区治理体系建设中的重要性。目前，绝大多数学雷锋志愿服务站的硬件建设比较健全，但内涵建设有待进一步加强。

（3）功能建设诊断机制有待完善

社区志愿服务中心九大功能建设是一项长期工作任务，一方面需要各中心结合自身实际自主推动，另一方面也需要区级中心依托有效评估诊断机制对社区志愿服务中心实施精准指导。

3. 对策指引

（1）以构建发展共同体为导向，制定规范有效的管理监督体系

管理监督体系是在对标管理标准的基础上进行的，目前上海市文明办已制定出台了《社区志愿服务中心功能优化评估标准》，并对上海志愿服务"创新、创优"工作给予了有效指引。区级中心可依托现有标准指引继续深化拓展，制定《示范性学雷锋志愿服务站功能优化评估标准》和《示范性志愿者服务基地功能优化评估标准》，规范强化区域管理监督体系，构建志愿服务事业发展共同体。

表4：《示范性学雷锋志愿服务站功能优化评估标准设计指引》

指标	内容	评估标准设计指引
标准化配置	基本设施条件	1）开辟基本场地。设置服务站专属接待服务办公阵地，拓展其他可以共享使用的活动室、展示厅、展示墙或展示板。
		2）配齐人员设备。配备服务站专职或兼职的工作人员、志愿者热线电话及必要的办公设备；建设志愿服务共治联合体，如志愿服务联盟，明确联合体治理架构，如采用秘书处负责制或理事会制度。
		3）设置统一标识。标识明确、悬挂醒目、美观大方，统一使用上海志愿者视觉识别系统，有"奉献、友爱、互助、进步"的志愿精神和"学习雷锋、快乐志愿"等口号展示。
信息化覆盖	供需对接功能	4）构建常态化供需对接机制。利用微信群、小程序等工具提升对接效率；培育专门动态了解民生诉求的志愿者队伍，日常收集诉求信息并进行定期统计分析；依托统计分析结果，定期召开线上和线下供需对接会。
		5）形成常态化需求研究和对接的机制。发挥服务站枢纽作用，整合专业人力资源，建立定期需求研讨会、需求研究学会、需求发布及项目创投等服务模式。
		6）和社区志愿服务中心共同协商、制定"中心－服务站"供需对接会议制度；形成定期向中心反馈需求对接统计结果的制度。
	注册认证功能	7）指导志愿者、志愿服务组织和团队在"上海志愿者网"开展登记注册。
		8）建立志愿服务数据库和档案库，鼓励志愿服务组织或团队在服务站备案。
		9）对志愿者的服务情况进行及时、完整、准确记录。

指标	内容	评估标准设计指引
		10）为有需要的志愿者提供志愿者证打印、服务时间记录查询和打印及出具志愿服务证明等服务。
		11）建立志愿服务信息统计上报制度。上报信息包括志愿者、志愿服务组织、志愿服务时长、志愿服务活动、志愿者招募、先进典型宣传等相关信息。
项目化运作	项目孵化功能	12) 根据民生需求策划设计项目方案，构建连接志愿服务组织或团队、项目、岗位、服务对象的完整服务链，加强项目运作的过程管理和宣传推广，确保项目有效落地、惠及群众。
		13) 设计形式丰富多样、群众喜闻乐见的常态化志愿服务项目。
		14）顺应民生需求和条件变化，积极孵化新项目，塑造有需求、有影响、有亮点的特色项目。
		15）建立优秀项目激励制度。
		16）实施志愿服务项目创投支持计划。
		17）创建一个服务对象涵盖社区内外、甚至延伸至上海乃至全国的志愿服务项目，并通过志愿者招募或资源征集等方式获得全社区居民的关注。
社会化共建	资源整合功能	18）加强统筹协调，整合区域人、财、物资源，促进区域内各类志愿服务组织或团队发挥特长、优势互补、共建共享。
		19）与条线职能部门、街（镇）、校区、厂区、商区、园区等合作开展志愿服务项目。
		20）有建立 2 年以上合作关系的社会组织、学校、医院、部队、企事业单位等合作对象。

指标	内容	评估标准设计指引
组织化再造	能力建设功能	21）建立培训制度，针对志愿服务团队骨干、志愿服务管理人员、志愿者等不同对象制定年度培训计划。
		22）每年组织或参加各类志愿服务培训。
		23）注重志愿服务领军人物、组织领袖、团队骨干等的培训和培养，发挥带头人、核心团队的示范引领作用。
		24）促进志愿服务组织或团队之间交流学习和经验分享，提升能力，凝聚力量。
		25）和专业人员或专业社会组织合作，根据社区实际，研发具有针对性、适用性的社区志愿者学习课程。
	团队培育功能	26）积极培育或引进适合本区域实际需求的志愿服务组织或团队，为有需求的组织或团队提供场地设施、技术支撑、智力支持等资源和服务。
规范化管理	指导监督功能	27）依托楼栋、物业公司、社区广场、社区花园等空间资源建立志愿者服务点。
		28）学雷锋志愿服务站、志愿者服务点建立相匹配的组织架构、工作制度、运作流程并上墙公示。
		29）学雷锋志愿服务站为志愿者服务点、志愿服务组织或团队提供日常咨询和指导，并对项目运作和活动开展情况等进行过程监管和成效评估。
内涵化发展	激励保障功能	30）建立志愿者激励回馈制度，定期评选表彰优秀志愿者，注重精神激励，整合区域资源，给予表现突出的志愿者一定的优先、优待或优惠服务，提升志愿者的自身荣誉感和社会美誉度。
		31）贯彻落实《上海市志愿服务条例》，积极维护志愿者合法权益，关怀和帮助生活困难的志愿者。

指标	内容	评估标准设计指引
		32）在组织开展志愿服务过程中，尊重志愿者本人的意愿，根据其时间、能力等条件，安排从事相应的志愿服务活动，并为其提供相关的信息和安全、卫生等必要的条件或者保障。若在志愿服务期间发生意外，协助志愿者申领上海志愿者保险。
文化建设功能		33）倡导"奉献、友爱、互助、进步"的志愿精神，在组织开展志愿服务中坚持不以获取报酬为目的的原则，为志愿者施展才华、提升自己、带动他人积极创造条件。
		34）大力宣传先进典型，以志愿者的优秀事迹感召更多市民群众见贤思齐，积极加入志愿者队伍。
		35）创建一个或多个有较大影响力的志愿者专属活动项目，如志愿者新春联欢会，志愿者运动会等，以活动为媒介营造社区志愿文化，展现社区志愿服务发展的蓬勃态势和志愿者的良好精神风貌。

• 示范性志愿者服务基地功能优化评估标准设计指引

表5：《志愿者服务基地功能优化评估标准设计指引》

指标	内容	评估标准设计指引
标准化配置	基本设施条件	1）开辟基本场地。设置基地专属接待服务阵地，拓展其他可以共享使用的会议室、展示墙或展示板。
		2）配齐人员设备。配备服务基地专职或兼职的工作人员、志愿者热线电话及必要的办公设备。
信息化覆盖	供需对接功能	3）拥有与上海志愿服务信息平台对接的终端，积极收集、及时上报各类志愿服务信息。

指标	内容	评估标准设计指引
		4）建立供需对接制度。明确供需对接信息发布平台。
		5）指导志愿者、志愿服务组织和团队在上海志愿者网开展登记注册。
	注册认证功能	6）建立志愿服务数据库和档案库，鼓励志愿服务组织或团队在基地备案。
		7）对志愿者的服务情况进行及时、完整、准确记录。
		8）为有需要的志愿者提供志愿者证打印、服务时间记录查询和打印及出具志愿服务证明等服务。
项目化运作	项目孵化功能	9）根据服务对象需求策划设计项目方案，构建连接志愿服务组织或团队、项目、岗位、服务对象的完整服务链。
社会化共建	资源整合功能	10）加强统筹协调，整合区域人、财、物资源，促进基地内各类志愿服务组织或团队发挥特长、优势互补、共建共享。
		11）有建立2年以上合作关系的社会组织、学校、医院、部队、企事业单位等合作对象。
组织化再造	能力建设功能	12）建立培训制度，针对志愿服务团队骨干、志愿服务管理人员、志愿者等不同对象制定年度培训计划。
		13）促进志愿者之间交流学习和经验分享，提升能力，凝聚力量。
规范化管理	团队培育功能	14）基于办公软件建立线上培训制度。
		15）积极培育适合基地实际需求的志愿服务组织或团队，为组织或团队提供技术支撑、智力支持等资源和服务。
	指导监督功能	16）建立包括志愿者招募对接、志愿者现场接待服务和管理流程、基于办公软件的信息共享和传播的基地章程制度。

指标	内容	评估标准设计指引
		17)志愿者服务基地建立相匹配的组织架构、工作制度、运作流程并上墙公示。
		18)志愿者服务基地为志愿服务组织或团队、志愿者提供日常咨询和指导，并对项目运作和活动开展情况等进行过程监管和成效评估。
内涵化发展	激励保障功能	19）建立志愿者激励回馈制度，定期评选表彰优秀志愿者,注重精神激励,整合区域资源,给予表现突出的志愿者一定的优先、优待或优惠服务，提升志愿者的自身荣誉感和社会美誉度。
		20)贯彻落实《上海市志愿服务条例》精神，积极维护志愿者合法权益，关怀和帮助生活困难的志愿者。
		21）在组织开展志愿服务过程中，尊重志愿者本人的意愿，根据其时间、能力等条件，安排从事相应的志愿服务活动，并为其提供相关的信息和安全、卫生等必要的条件或者保障。若在志愿服务期间发生意外，协助志愿者申领上海志愿者保险。
	文化建设功能	22）倡导"奉献、友爱、互助、进步"的志愿精神，在组织开展志愿服务中坚持不以获取报酬为目的的公益原则，为志愿者施展才华、提升自己、带动他人积极创造条件。
		23）大力宣传先进典型，以志愿者的优秀事迹感召更多市民群众见贤思齐，积极加入志愿者队伍。
		24）营造志愿文化氛围，结合本基地人文特点，展现基地志愿服务发展的蓬勃态势和志愿者的良好精神风貌。

（2）以强化公众参与为导向，创新发展管理监督形式

"参与式评估"是区级志愿服务指导中心强化监督管理机制

建设中公众参与能效的有效策略。具体实践内容包括：（一）重点面向社会组织招募"志愿服务评估师"并开展相关培训工作；（二）通过测试对"志愿服务评估师"进行资格认定并颁发证书；（三）由区级志愿服务指导中心邀请志愿服务评估师参与由区级中心组织的评估活动或项目，志愿服务评估师有现场参与评估的权利；（四）区级志愿服务指导中心可以通过购买服务委托志愿服务评估师参与日常监督评估工作。

（四）宣传引导功能

1. 核心目标

宣传引导功能主要包括文化营造、品牌塑造两项子功能，应分别设定两项子功能的核心目标：

（1）文化营造

弘扬雷锋精神和志愿文化，结合区域特点，依托文化地标，借助线上线下各类活动和宣传平台，展现区域志愿服务发展的蓬勃态势和志愿者的良好精神风貌，推动形成人人参与、人人尽力、人人享有的良好社会氛围。

（2）品牌塑造

注重特色项目和团队的品牌化塑造，为项目和团队嫁接资源、提升内涵、扩大影响创造条件，在全区有需求、有影响、有亮点的品牌项目达到10个以上，品牌团队达10支以上。

注重先进典型的品牌化塑造，建立常态化工作机制，大力选树、培育、宣传先进典型，为先进典型更好地施展才华、提升自己、带动他人创造条件，感召更多市民群众加入志愿者队伍。

注重经验成果的品牌化塑造，推动条线和基层因地制宜开展志愿服务品牌培育，总结提炼可复制、可推广的试点经验，形成本区志愿服务亮点特色，宣传推广先进经验和创新案例，不断扩大本区域志愿服务工作的社会影响力。

2. 常见问题

（1）宣传引导能力有待加强

宣传引导的能效不足是社区志愿服务中心和志愿服务站普遍存在的工作短板，主要表现在宣传意识不强、宣传形式单一、缺乏专业素养、缺少有影响力的宣传媒介等。

（2）宣传渠道有待扩展

宣传渠道是宣传引导工作的核心资源。受新媒体发展的影响，大众对媒介的使用习惯不断发生变化，传统媒介对受众群体的影响力越发不足。另外，微信公众号作为目前重要的宣传平台，其宣传价值的形成及宣传作用的发挥需要投入大量的精力和资源，且因缺乏内容策划编辑的专业化技能支撑，宣传质量也难以得到保证。

（3）品牌塑造经验不足

项目和团队的品牌化塑造对于实施者的专业素养以及对志愿服务团队的整体认知水平要求较高，目前大多数被赋予"品牌"的项目和团队是否达到了品牌的标准还有待商榷。对于品牌化塑造的工作指引和品牌建设成效的评判标准也是目前需要重点加强的工作内容。

（4）总结推广水平有待提升

社区志愿服务工作总体呈现重实践、轻理论的局面，特别是建设社区志愿服务中心、学雷锋志愿服务站所需的知识经验体系急需不断充实和完善。在实践中，社区志愿服务中心、学雷锋志愿服务站、志愿者服务基地以及志愿服务组织有很多值得提炼总结的经验做法，但提炼出的成果是否具备指导推广的实效价值，应是区级中心要特别关注和重视的。

3. 对策指引

宣传引导是一项以营造志愿文化为目标导向的系统工程，具有专业性强、创新要求高和质量控制难度大等特点。区级志愿服务指

（4）通过团队品牌建设做好宣传引导

提升团队的影响力。口碑和影响力是团队品牌建设的核心内容，一个品牌团队本身就是文化，每一个品牌团队都是宣传引导的主体，品牌团队越多，宣传引导能效越大。在实践中，志愿服务组织的口碑普遍较好，基本都会得到知情人的认可和嘉许，但影响力方面相对弱势，这会消减宣传主体的价值和作用。因此，各级志愿服务管理主体应重视团队的影响力建设，统筹考量，制定可持续的影响力提升策略。

提高志愿者的宣传能力。目前，很多志愿服务组织、尤其是以老年群体为主的志愿服务组织对于承担宣传引导工作的能力是不足的。各级志愿服务管理主体可以通过培训和精准指导的方式来提升志愿者的相关能力，并让志愿服务组织的核心骨干认识到宣传的重要性，提高他们自发自愿提升自身宣传引导能力的主观能动性。

发挥共同体的宣传作用。团队是传播共同体的重要组成部分，积极引导每一个品牌团队加入到传播联合体系之中，志愿服务管理主体既可以和所有团队围绕区域化宣传策略或与某个具体项目的相关团队围绕项目宣传策略共建宣传内容体系，共同推动发展。

（5）依托先进典型做好宣传引导

注重宣传策略的平台针对性。针对先进典型的宣传平台非常丰富，如社区纸媒、社区公共空间、志愿服务现场、微信公众号、微信群、楼栋内、家庭等，每个可用于宣传的平台都应设计相匹配的宣传策略，注重信息的可达性和覆盖面。

注重传播载体和形式的创新性。先进典型是营造志愿文化、激发和引领后进者转变思维的核心资源。在实践中，仍存在宣传的载体和形式较为传统，成效不足的问题。因此，各级志愿服务管理主体应注重载体和形式的创新发展，着力研究影响不同受众群体的路径和方法，开发诸如社区剧场、社区绘本故事集、社区故事大赛、社区荣誉馆等新型传播方式。

（6）通过经验成果总结做好宣传引导

注重本地经验的知识转化。区级志愿服务指导中心可针对社区志愿服务中心的九大功能建设要求以及学雷锋志愿服务站、志愿者服务基地的整体建设成效，定期细分梳理出各自实践的经验成果，依托专家力量总结可复制、可推广的知识体系。

培育志愿服务讲师团。针对社区志愿服务中心、学雷锋志愿服务站、志愿者服务基地、志愿服务组织和志愿者持续招募和发掘志愿服务讲师。区级志愿服务指导中心应指导志愿服务讲师结合实践成果研发和完善课件，形成本地讲师库，依托讲师资源传播成功经验。

注重定期分享交流的平台建设。区级志愿服务指导中心应在全区层面鼓励各社区志愿服务中心定期组织经验分享交流会，促进相互学习和借鉴，并从中发掘优质案例、成功经验和优秀人才。

（7）宣传活动实例示范

举办评选类活动。区级中心可通过多元类型的评估评选类活动，广泛培育示范榜样资源，如"你最喜爱的志愿服务项目""最美志愿者"等评选活动。

举办表彰激励类活动。表彰激励活动不仅包括针对志愿服务组织和志愿者进行直接表彰的主题表彰会议，也包括一些专门针对志愿服务组织和志愿者举办的团建类活动，如志愿者运动会、志愿者电影专场活动等。

举办"3·5"学雷锋日、"12·5"国际志愿者日主题活动。上海是国际化大都市，"12·5"国际志愿者日是展现上海国际化建设理念的重要契机。因此，区级志愿服务指导中心应重视"12·5"国际志愿者日等主题活动的策划工作，注重体现活动的开放度、融合度和影响力。

举办志愿服务论坛。区级志愿服务指导中心或志愿服务联合体可每年组织开展一次志愿服务论坛，通过论坛加深社会各界对志愿服务事业的认知理解，并将其作为持续推动全区志愿服务事业发展的重要引擎。

举办志愿服务项目设计大赛。区级志愿服务指导中心或志愿服务联合体可每年组织开展一次志愿服务项目设计大赛，通过创新评选模式，广泛引导公众参与其中，让大赛成为宣传引导的重要载体。

社区志愿服务中心建设指引

社区志愿服务中心是街（镇）区域内的志愿服务枢纽型支持平台，中心在统筹发展九大功能的目标引领下，应重点持续强化区域志愿服务事业发展共同体建设的效能，通过搭平台做项目，引领学雷锋志愿服务站、志愿者服务基地和志愿服务组织共同建构"共治、共建、共享"的上海志愿服务事业发展格局。

本篇章通过分别梳理社区志愿服务中心各个功能建设的核心目标、常见问题和对策指引等内容，指引中心功能的系统性建设。

一、供需对接功能

（一）核心目标

1. 拥有与上海志愿服务信息平台对接的终端，积极收集、及时发布各类志愿服务信息。

2. 畅通民生诉求和服务供给渠道，每年在工作覆盖区域内进行不少于2次的志愿服务供需情况调研，建立供需对接分类服务目录，促使志愿服务供给与社会发展需要、群众需求相匹配。

3. 发挥社区志愿服务中心在价值引领、道德示范、公益服务、关爱帮助、互助合作等方面的枢纽作用。

（二）常见问题

1. 对志愿服务组织和志愿者的需求重视不够

社区志愿服务中心和各志愿服务实施主体过多关注服务对象的需求，而对于志愿服务组织和志愿者的需求，存在忽略或重视度不足的情况，这对"供需对接"能效可能产生的影响包括：一是有"需"无"供"，即"需"方的需求无法回应；二是供需匹配有效性和效率低，即在服务理念和机制建构的专业性、精准化方面存在不足，导致匹配时所花的人力成本较大、时间较长；三是"需求清单"仅聚焦于服务对象，无法有效建构志愿者培育和激励机制。

2. 供需对接的路径和方法不完备

社区志愿服务中心和各志愿服务实施主体需要持续增强供需对接的能效。实操过程中由于服务对象和志愿服务组织的状态、属性和特质多元复杂，服务中心可能因缺乏对供需对接的路径、方法和平台的研究和实践经验，而导致出现单一路径和方法较难回应对接需求的局面。社区志愿服务中心、学雷锋志愿服务站和志愿者服务基地在对接志愿服务组织、志愿者以及潜在志愿服务实施主体的过程中，如采用传统的对接方式如上门拜访、电话沟通或者邀约见面，其对接的有效性和效率较低，特别是对于企事业单位和青年人群，此类问题较为突出。

3. 潜在志愿服务实施主体的相关经验不足

社区志愿服务中心和各志愿服务实施主体在对接过程中经常遇到社区机构组织或个人缺乏相关经验的情况，设计的项目存在各种问题，这对他们参与志愿服务的意愿和效能产生了负面影响。

4. 整合多元资源提升供需对接效能的意识较弱

社区志愿服务中心和各志愿服务实施主体在处理供需对接时，经常会碰到无法或难以实现对接的问题，如果运用整合思维将供方或需方进行有效整合，将对供需对接的效能产生积极影响。例如，某服务站计划实施小区独居老人关爱计划，由于初期志愿者和项目不足，项目起步阶段仅在社区内发动志愿者进行结对关爱，定期上门关怀，但后续由于志愿者主动性降低且项目单一，居委会认为项目的可持续性遇到了挑战。在中心的指导下，居委会调整了项目形式，设置每个月固定日期开展"独居老人关爱日"活动，然后由居委会整合志愿服务项目供方资源和志愿者在活动当天为独居老人提供志愿服务。在活动开展多次之后，居委会依托此项目整合了更多的志愿服务组织、志愿者和项目资源，与他们形成了更加紧密的互动、信任关系，在这个基础之上，一对一上门关爱的志愿者的质量、数量和服务项目内容均得到了加强。

（三）对策指引

供需对接的主体主要包括三类，即志愿服务实施主体、潜在志愿服务实施主体和志愿服务对象。其中，志愿服务实施主体包括社区志愿服务中心、志愿服务联盟组织、学雷锋志愿服务站、志愿者服务基地和志愿服务组织等。社区志愿服务中心作为志愿服务实施主体的同时也因其志愿服务枢纽型支持平台的专属定位，在实施供需对接时与其他志愿服务实施主体有一定区别。潜在志愿服务实施主体是指那些还没有被社区志愿服务中心认定为志愿服务组织或志愿者的机构组织和个人。持续改善和提升三类主体相互之间的互动关系和互动效能是供需对接工作的主要内容。

1. 社区志愿服务中心和其他志愿服务实施主体间对接

（1）形成需求清单

社区志愿服务中心对其他志愿服务实施主体开展常态化需求调研，重点了解在开展志愿服务项目过程中资源和服务需求。志愿服务实施主体积极反馈需求信息，共同形成"需求清单"，中心依托需求清单对志愿服务实施主体提供服务。

（2）形成制度化交流沟通机制

社区志愿服务中心每年可针对志愿服务实施主体安排定期调研计划，如每季度或每半年开展一次调研，调研的内容可包括"需要中心怎样的支持""有哪些具体因素对志愿服务效能产生了负面影响""有什么新的想法或者计划吗""中心的服务在哪些方面需要改善"等。中心为持续强化与各志愿服务实施主体间的供需对接效能，可以联合各志愿服务实施主体负责人发起并共同创建志愿服务发展共同体，如"志愿服务共治联盟"，形成制度化交流沟通机制。

（3）以项目或潜在志愿服务对象为导向进行对接

社区志愿服务中心可结合具体项目或潜在志愿服务对象与志愿服务实施主体进行经常性供需对接。其中，结合项目主要是了解并明确各主体参与或共建的意愿、形式和内容。结合潜在志愿服务对象，是在项目计划还未明确的前提下使用专业的引导方法鼓励各主体集思广益，共创项目计划。例如，某中心计划启动"长者关爱"志愿服务计划前共开展过两次供需对接活动，第一次是针对如何参与中心每年10月举办的"长者关爱"公益日主题活动，征询各志愿服务组织的意见，并引导各组织各自形成一个或多个常态化志愿服务项目；第二次是中心结合需求调研情况研发了"长者关爱"志愿服务项目库，针对各个项目对接各组织促进参与或认领。

2. 志愿服务实施主体和潜在志愿服务实施主体间对接

（1）征集服务意向或服务项目

志愿服务实施主体对潜在志愿服务实施主体的服务意向或服务项目开展常态化调研。具体做法包括采用规范性表单、主动上门走访和项目沟通会等方式对社区单位、群团组织、专业社会组织、社区达人征集服务意向或服务项目。

（2）设计和应用规范性表单

"规范性表单"是嵌入此类供需对接活动中的重要媒介。它可有效提升潜在志愿服务实施主体对志愿服务的理解和系统认知，改善对接效率，也能通过将表单嵌入小程序或直接使用微信等电子化方式实时与潜在志愿服务实施主体间产生常态化交流互动。例如，某社区志愿服务中心制定了《志愿服务项目征集表》，并向各组织机构和社区达人征集志愿服务项目，组织机构或个人根据表单内容可以看到项目的名称和简介并回复意愿，如机构组织和个人因自身资源限制无法参与表单内设定的项目，可按表单指引提供其他志愿服务项目。该中心设计的表单《志愿服务意向征询表》如下所示：

表 6：《志愿服务意向征询表》

组织基本信息		
组织名称：		
负责人：	电话：	
地址：		
志愿服务项目征集		
（一）邀请贵组织参与已经开展的志愿服务项目		
中心正在乡镇（街道）范围内开展以下志愿服务项目，贵组织是否有意愿参与？	参与意愿 （是/否）	贵组织计划提供何种服务项目
项目1：（简介）		
项目2：（简介）		
……		
（二）邀请贵组织参与计划开展的志愿服务项目		
中心计划在乡镇（街道）范围内开展以下志愿服务项目，贵组织是否有意愿参与？	参与意愿 （是/否）	贵组织计划提供何种服务项目
项目1：（简介）		
志愿服务项目征集		
项目2：（简介）		
……		
（三）贵组织是否可以提供其它志愿服务项目		

	服务频率 （次/周期）	服务时间	
		工作日	周末
项目1：（简介）			
项目2：（简介）			
……			

（3）设定目标任务，实现联动对接

志愿服务实施主体可以通过建章立制鼓励各主体联动各自成员

成为子对接主体，主动对接熟悉的潜在机构组织或个人。例如，由某街道片区党组织发起创建的片区级"志愿服务联盟"在成立之初制定了《志愿服务团队培育管理办法》，其中鼓励各成员组织主动对接和发展其他有意愿加入联盟或项目的机构组织。在联盟的推动下，一家楼宇物业管理公司在物业管理区域内通过微信群、易拉宝和活动现场动员等方式和楼宇内公司进行对接，收效显著，为联盟增加了更多的资源和项目。

（4）发展社区社会资本，培育社区内生力

居民区内供需对接难是常态，主要表现在共建资源少、志愿服务力量缺失、志愿服务项目难持续、志愿者年龄偏大、青年参与度低等若干方面。因此，社区内常处于"有需无供"或"仅能回应小部分需求或小部分人群"的发展困境。从目前全国各地发展社区治理的机制体系和成效来观察，发展社区社会资本或培育社区内生力是解决此类问题的重要路径，具体实施内容和方法主要包括构建社区互助体系、培育社区自组织、推行社区"时间银行"制度、营造公共空间促进社区融合、开发多品牌公益慈善项目等。学雷锋志愿服务站可重点关注内生资源的培育，"人人都是志愿者"可以作为服务站设定的培育目标，通过志愿服务平台的多元化深度建构，结合互联网优势和专业社会工作力量，在内生资源的持续培育过程中常态化推进供需对接。

（5）明确岗位信息，促进高效对接

志愿服务实施主体结合实际重点针对居民区、养老院、日托所、阳光之家、邻里中心、垃圾箱房、公益基地等目标区域，通过调研、梳理和创建等方式，确立"志愿服务岗"，服务岗位需明确服务时间、服务内容、服务规范、联系人、联系方式和注意事项等信息。服务岗位信息应进行公示并广泛宣传，让更多的潜在志愿服务实施主体便捷、全面地了解相关信息，提升对接效率。

（6）注重品牌建设，营造参与氛围

品牌影响力是影响志愿服务实施主体和潜在志愿服务实施主体间供需对接能效的核心要素，呈现正相关特征。例如，某社区"爱心编织队"志愿服务组织，起初加入该组织的志愿者都是本小区居民，由于组织设定的爱心帮扶目标辐射全国，他们持续不断地将志愿者编织的衣帽围巾等发往全国各个偏远贫困山区，并在公共活动室内制作"爱心路线图"，实时展示帮扶的成果，该组织的项目在本社区形成了良好口碑，也吸引了很多社会人士的关注，不少外小区的居民在了解该组织和项目之后也纷纷加入其中，很多的爱心单位也成为了新毛线的捐助者。

（7）提供陪伴式服务，降低参与难度

志愿服务实施主体应重视加强对潜在志愿服务实施主体参与的难点和瓶颈的了解，提供陪伴式服务，特别是帮助他们熟悉可以具体做什么项目、项目怎么策划设计才更合理、如何参与现有的项目等内容。社区志愿服务中心可以设置专项服务经费，牵头并联合专业社会组织和专业志愿者组建类似"社会责任联盟"类的服务型组织，专门以一对一或一对多服务模式协助这些机构组织设计志愿服务项目，为机构组织建构虚拟化的"社会责任部"。

（8）研发供需对接工具，提升对接效能

在潜在志愿服务实施主体中，由于企事业单位和社区青年人群可参与的时间少、精力有限，志愿服务实施主体在供需对接过程中应特别重视与此类群体的对接效率问题。志愿服务实施主体可以开发或引用必要的供需对接网络工具，如志愿者报名工具、志愿服务参与意向征询工具、满意度调研工具、金点子征集工具等。

3.志愿服务实施主体和志愿服务对象间对接

（1）互通有无，协同推进

社区志愿服务中心作为发展社区志愿服务事业的枢纽平台，在实践与志愿服务对象供需对接方面和其他志愿服务实施主体有一定区别。理论上，学雷锋志愿服务站和志愿者服务基地可覆盖各自所属社区范围内的全部志愿服务对象，但因资源存在盲区或不足等原因，无法满足服务范围内志愿服务对象的部分甚至全部需求。同时，中心有依托项目营造社区志愿文化的职能，而中心实施的任何项目都需要回应志愿服务对象的需求。因此，中心应充分了解并动态掌握其他志愿服务实施主体已经存在和计划执行的项目情况，建立必要的信息数据管理平台，在尽可能实现信息对称的前提下完成与志愿服务对象间的对接工作，避免出现项目重叠和互相竞争的情况。例如，某中心启动实施"关爱失独家庭"项目计划，却在一次志愿服务组织动员会上得知街道同属的社会组织服务中心已经实施了同类项目并已在居民区建立了项目点。再如，某中心计划针对孤老家庭开展"一个人的剧场"志愿服务项目，组织文艺志愿者走进孤老家庭开展文艺慰问和关怀活动，在讨论和筹备的过程中，得知街道同属的社区文化活动中心已经启动实施了同类项目。

（2）共同谋划，形成合力

中心应站在全局的角度思考谋划如何与各志愿服务实施主体形成合力，共同回应、满足和引领志愿服务对象的需求。因此，为其他志愿服务实施主体赋能应是中心首要考虑的核心要素，在充分掌握各主体针对志愿服务对象反馈的需求信息后，结合项目开展情况，中心应通过资源供给、志愿者动员、资金支持等多种方式辅助提升项目服务能级。除此之外，中心通过常态化供需对接，应发现并记录回应和满足志愿服务对象需求方面的盲区或短板，同时充分研判在街（镇）层面实施何种项目能有效促进社区志愿文化传播，之后可联合各志愿服务实施主体共同谋划，共创街（镇）层面的志愿服务品牌项目，实现精准、充分和有效供给。例如，某中心就"如何发挥志愿者在社区养老服务中的重要作用"这个调研课题走访了多个居委会、社区志愿者代表和老年人代表。中心通过调研充分了解到老人的需求较为多元，通过动员一个或几个志愿服务组织，设计一个或几个项目无法满足其多元需求。中心组织各方在几轮研讨之后决定实施"孝亲公益"志愿服务计划，一方面联合可以联合的所有志愿服务实施主体，大家共同谋划"孝亲公益"子项目，在中心的引领下，各主体针对子项目自由联合组成共同实施体；另一方面选定"孝亲公益"重要子项目，强化其质量，在社区深度、持续营造"孝亲文化"。

（3）以项目持续提质增效为导向

各志愿服务实施主体需要针对具体项目持续对接更多的有同类需求的服务对象，也要同步对接更多的资源或通过增加活动频次来提升项目服务能力。因此，项目和志愿服务对象的动态变化特征是实施供需对接工作时要持续重点关注的，对其变化曲线的研究是各志愿服务实施主体实施自评和中心评估其他志愿服务实施主体服务成效的重要工具。

（4）重视反哺机制，促进角色转化

志愿服务实施主体在对接志愿服务对象的过程中应同步设计志愿服务对象反哺社区，并能从志愿服务对象转化成为志愿者的机制。例如，某志愿服务站每月15日定期开展"志愿服务日"活动，服务内容较丰富。每次活动现场，服务站会专门针对前来接受服务的居民宣传各志愿服务项目，动员居民走出家门加入志愿服务队伍。居民常会对志愿服务项目提出建议，服务站会根据建议改善或新增服务项目。

（5）拓展项目平台，促进供需资源转化

公共空间更利于引流，特别是对于已经活跃在各个社区空间的兴趣型社区自组织，志愿服务实施主体通过空间更新营造为自组织提供活动空间或其他公共服务产品，因此产生强链接关系，有效促进兴趣类自组织向互助、公益型组织转化。如某街道在辖区内所有养老院内辟出专门独立空间，并对空间进行更新，一方面依托空间并通过购买服务为更多养老院周边社区老人提供文化服务和文体活动空间，一方面重点对接来活动的低龄老人或文体团队需求，鼓励和引导其成为养老院志愿者，强化社区互助体系。

4. 潜在志愿服务实施主体和志愿服务对象间对接

（1）深入了解需求，制定服务策略

潜在志愿服务实施主体在正式成为志愿服务组织或志愿者前一般是通过社区志愿服务中心或其他志愿服务实施主体了解志愿服务对象需求的。因此，为更好地开展志愿服务，潜在志愿服务实施主体在提供志愿服务前，可以主动对接志愿服务对象，感受和进一步了解需求，制定服务策略。

（2）鼓励潜在力量，提供制度支持

很多机构组织或个人在生活中关注到了一些需要关爱的对象，有了较明确的服务意愿和思路，但因各种因素一直没有落实行动。志愿服务实施主体应关注到这个情况，通过制定制度化、项目化策略将这些组织和个人吸引出来并进行培育，支持他们和志愿服务对象实现对接。例如，某社区志愿服务中心制定了服务潜在志愿服务实施主体的常态化咨询服务制度，通过制定具体服务办法，鼓励潜在志愿服务实施主体向中心咨询关于志愿服务对象和项目的详细情况。再如，某志愿服务站发起了"楼道睦邻互助计划"项目，其中有一对青年夫妻主动来到服务站询问项目情况，工作人员了解后才得知这对夫妻一直都想结对关心自己楼上的一位独居高龄老人，但因担心直接上门会让老人误解，再加上平日里楼上楼下不走动，缺少氛围，所以夫妻俩一直没有行动，这次看到服务站的项目宣传，夫妻俩就主动站了出来，并建议服务站在楼栋里张贴项目宣传海报，广泛招募志愿者。

二、注册认证功能

（一）核心目标

1. 指导志愿服务组织、团队及志愿者开展登记注册并形成指导性规范文本。

2. 建立志愿服务数据库和档案库，鼓励志愿服务组织或团队在社区志愿服务中心备案。

3. 对志愿者的服务情况进行及时、完整、准确记录，配合做好学生参与志愿服务记录工作。

4. 为有需要的志愿者提供志愿者证打印、服务时间记录查询和打印及出具志愿服务证明等服务。

5. 形成分析和评价志愿服务工作在现代化社会治理体系中的影响力和价值的工具。

（二）常见问题

1. 对有效引导志愿者注册的重视程度不够

志愿服务组织和志愿者有时不愿意主动自行完成或配合完成登记注册工作，造成这种情况的原因主要包括：登记注册工作需要花费一定的时间精力；志愿服务组织和志愿者多为老年人，对电脑使用不熟练甚至排斥；志愿服务组织和志愿者对登记注册工作的重要性认知度低、认同度不高；志愿服务的行政管理人员对登记注册工作重视度不够或展现出"形式化应对"的工作态度等。

2. 时长记录不规范及时

目前，部分社区志愿服务中心还存在服务时长记录不规范、不及时的现象。没有及时记录时长会降低志愿者的认同感、荣誉感，规范有效的志愿服务记录可增加仪式感，体现对志愿者的尊重。"上海志愿者网"有多种记录志愿服务时长的方式，既有实时记录的二维码计时，也有导入时长的事后记录方式。

3. 延伸需求难以满足

社区志愿服务中心在实际开展注册认证工作中衍生出多元建设、创新的需求，如由时间转换成积分而实施的"积分商城"功能、"微心愿"网上认领功能等。面对这些新增需求，一方面全区层面缺乏有效的指引或统筹规划，另一方面社区志愿服务中心在经验或资源方面面临诸多瓶颈，通过对此类创新工作的成果考察，失败案例较为普遍。因此，如何谋划信息互联平台以满足新时代文明实践志愿服务工作提质增效的诉求应得到重视并加以解决。

4. 数据应用不广泛

对登记注册形成的数据进行统计、分析并应用于社区志愿服务工作的提质增效是对参与登记注册的志愿服务组织和志愿者的一种回馈和尊重。志愿服务数据的统计、分析工作应用广泛，除目前常见的应用于志愿者褒奖激励方面之外，还可应用于发展规划、团队建设、资金资源的分配机制建设、项目研发设计和社区分类治理等工作领域，但现实中存在对数据的统计、分析和应用策略的制定不够重视的问题。

（三）对策指引

1. 重视宣传引导工作

由于志愿者对于是否注册拥有绝对的自主选择权，因此社区志愿服务中心、学雷锋志愿服务站和志愿者服务基地要重视对志愿服务组织和志愿者的宣传引导：

（1）打造传播共同体，构建立体化传播网络

单中心主体负责信息传播的模式无法适应社区工作现状，不能满足信息共享或信息对称的需求。因此，社区志愿服务中心应积极构建包括学雷锋志愿服务站、志愿者服务基地、各志愿服务组织、公共空间负责人和街（镇）区域内各传播平台负责人在内的"传播

共同体"，通过建立微信群等方式以及制定针对多元信息类别的定期统计发布制度，逐步形成多渠道、多元化宣传主体共同影响志愿者认知和意愿的工作格局。

（2）拓展宣传路径，提升传播实效

构建立体网络传播体系、强化信息共享和传播能效以及完善传播网络是社区志愿服务工作的必备项。在传播共同体形成的基础上，应利用信息平台、公共空间、活动阵地、自制绘本、定期志愿报告和其他媒介开发宣传引导的多元化形式和路径，广泛宣传登记注册对于志愿者的意义和价值，即能够享有保险、保障及激励嘉许等一系列权益。

（3）构建"成果模型"，发挥信息价值

要重点关注并通过常态化调研掌握志愿服务组织和志愿者对注册信息"有什么用"的认知现状。通过对登记注册信息的统计、分析，构建出可用于信息共享和传播的"成果模型"，直观展现登记注册信息的价值。例如每月通过统计项目覆盖人群数据来分析覆盖服务对象的盲区，一方面可通过数据让志愿者感受到自身的贡献和价值，另一方面也能为志愿服务组织动员更多潜在志愿者提供有说服力的依据。

（4）扶持先进团队，强化示范效应

志愿服务实施主体可以从两个维度树立先进榜样，强化示范带动作用：一是定期总结在登记注册方面表现优秀的志愿服务组织，采用定期公示制度进行公开表彰，如"志愿服务信息管理先锋十佳团队"等；二是重点指导部分优秀团队依据信息统计成果开展团队建设、志愿者激励、项目设计等工作，通过基于数据信息的成功应用案例，展现信息的价值，引导和启发其他团队跟进效仿。

2. 规范登记注册指导

（1）制作规范教程

社区志愿服务中心依托市级培训课程资源，制作"上海志愿者网"管理平台使用教程,用于指导学雷锋志愿服务站、志愿者服务基地和志愿服务组织,并定期组织开展线上和线下培训活动。

(2)强化志愿服务信息官作用

社区志愿服务中心可以重点培育"志愿服务信息官"志愿服务组织,引导和鼓励志愿服务信息官承担自身所属的志愿服务组织登记注册的职能,对于在一定服务区域内的多个志愿服务组织或因某具体志愿服务项目而聚合的多个志愿服务组织,中心可通过招募和培育为其配备若干志愿服务信息官。

3. 规范志愿者注册管理

(1)注册途径

志愿者个人可以在"上海志愿者网"自行注册,也可以通过志愿服务组织代为注册。志愿服务组织可结合志愿服务组织中的志愿者人员情况制定注册服务策略:

服务老年志愿者。针对老年志愿者主动提供协助登记注册服务。

推行"志愿服务信息官"制度。社区志愿服务中心鼓励志愿服务组织建立"志愿服务信息官"制度,创新登记注册模式。中心层面可建立"志愿服务信息官"志愿服务组织,制定专属培训、管理等制度,注重服务和激励,使其成为志愿服务共建群体中的关键、核心角色。

(2)注册必要信息项

个人基本信息至少包括身份信息、服务技能、服务时间、联系方式等。

(3)注册信息的要求

志愿者提供的个人基本信息应真实、准确、完整。

4. 规范组织登记管理

(1)志愿服务组织可以采取社会团体、社会服务机构、基金会等组织形式。

（2）志愿服务组织的登记管理按照有关法律、行政法规的规定执行。

（3）志愿服务组织可以依法成立行业组织，反映行业诉求，推动行业交流，促进志愿服务事业发展。

（4）在志愿服务组织中，根据中国共产党章程的规定，可选择设立党组织，开展党的活动。志愿服务组织应当为党组织的活动提供必要条件。

5. 规范服务记录证明管理

（1）记录主体

由志愿服务组织负责记录、证明。

（2）记录内容

包括志愿者个人基本信息、志愿服务情况、培训情况、表彰奖励情况、评价情况等。

（3）记录平台

按照统一的信息数据标准录入"上海志愿者网"。

（4）日常管理

记录管理。志愿服务组织安排志愿者参与志愿服务活动，应当如实记录志愿者个人基本信息、志愿服务情况、培训情况、表彰奖励情况、评价情况等信息，按照统一的信息数据标准录入"上海志愿者网"，实现数据互联互通。

证明管理。志愿者需要志愿服务记录证明的，中心应当依据志愿服务记录无偿、如实出具。出具内容可包括提供志愿者证打印、志愿服务时间查询和志愿服务证明等，且相关服务应在中心显要位置进行推介。

国家鼓励企业和其他组织在同等条件下优先招用有良好志愿服务记录的志愿者。公务员考录、事业单位招聘可以将志愿服务情况纳入考察内容。

6. 创新登记注册工作

社区志愿服务中心可结合区域实际思考实践智慧服务创新模式，关注各级志愿服务管理服务组织的工作创新动态，通过探索和学习提升注册认证工作能效。如浦东新区陆家嘴社区志愿服务中心采用了"上海志愿者网"和"陆家嘴炫卡"志愿者双系统注册认证机制。持有"炫卡"的志愿者根据志愿服务累时积分，可兑换相应的礼物或服务，也可将积分注入"爱心储蓄池"帮助其他人实现愿望。中心同步制定了"社区志愿服务社会资源认证体系"，针对社区单位整合可用于志愿服务积分兑换的资源。

7. 重视数据应用策略制定

登记注册工作可满足政府主管部门掌握志愿服务发展实际、规划和发展志愿服务事业的现实需求，同时以大数据思维及数据应用为导向，通过数据的统计和分析，可有效服务于社区志愿服务工作的提质增效。因此，社区志愿服务中心可以制定数据应用策略为导向，强化数据的统计、分析工作：

应用于社区志愿服务事业发展规划。社区志愿服务中心在编制社区志愿服务行动计划或社区志愿服务指导手册的过程中应广泛应用数据统计、分析的成果。

应用于志愿服务团队建设。社区志愿服务中心在街（镇）层面规划志愿服务团队培育计划、指导学雷锋志愿服务站培育志愿服务团队以及指导志愿服务团队强化自身建设能效的过程中，应通过数据统计、分析掌握社区志愿服务团队建设的总体和局部区域发展情况、存在的盲区和短板，同步通过对标"团队品牌化"理念和社区需求明确差距项，进一步提升团队建设能效。

应用于资金资源的统筹分配机制建设。社区志愿服务中心应通过数据统计、分析掌握过往资金资源的统筹分配机制和志愿服务工作成效的关系，基于以上关系分析成果并查找原因，进一步调适资金资源的统筹分配机制。

应用于项目研发设计。社区志愿服务中心在街（镇）层面规划志愿服务项目培育计划、指导学雷锋志愿服务站培育志愿服务项目以及指导志愿服务团队强化项目建设能效的过程中，应通过数据统计、分析掌握志愿服务项目建设的总体和局部区域发展情况、存在的盲区和短板，同步对标"全人群服务"和"项目品牌化"的理念和社区需求明确差距项，进一步提升项目建设能效。

应用于社区分类治理。数据统计、分析的成果可以直接展现不同类型的社区以及每个志愿服务站所属的居民区推动志愿服务工作的成效，社区志愿服务中心可以结合实际做到精准施策，实现"一社区一方案"。

应用于志愿者褒奖激励。社区志愿服务中心可依据数据、统计分析成果制定社区志愿者褒奖激励制度。

三、项目孵化功能

（一）核心目标

1. 根据民生需求策划设计项目方案，构建连接志愿服务组织或团队、项目、岗位、服务对象的完整服务链，加强项目运作的过程管理和宣传推广，确保项目有效落地、惠及群众。

2. 受群众欢迎、有持续力的常态化项目不低于10项，常态化项目的受益面逐年扩大。

3. 顺应民生需求和条件变化，积极孵化新项目，塑造有需求、有影响、有亮点的特色项目。

（二）常见问题

1. 项目价值认知偏差

很多项目孵化主体是依托政府扶持资金来建设项目的，普遍认为资金多少直接影响项目的质量，这种惯性思维在现实中较大程度地限制了培育优秀项目多元路径的探索和实践，特别是缺乏关于挖掘社区内生资源、培育社区自组织对优秀项目建设的意义和价值的充分理解，这也是目前优秀项目呈现整体疲软的主要原因。

2. 项目价值认知不足

项目建设应是主要服务于社区治理系统的，不能孤立地看待和发展一个项目。参与项目建设的各项目孵化主体，尤其是社会服务机构和志愿服务组织对社区治理系统的总体认知不足，导致对于项目开发设计、项目成果的考量有所欠缺。

3. 项目评价标准不明确

什么样的项目才能算作一个优秀项目或品牌项目，这是项目孵化和项目评估主体普遍关心的问题。这个问题的答案，是所有项目建设的参与者需要迫切形成的基础共识和共同理念。因此，社区志愿服务中心应重视优秀项目或品牌项目的建设指引和认定标准工作，不断提升项目孵化主体在项目建设过程中自我更新和发展的能力和水平。

4. 理念设计创造力缺乏

项目本身就是一种文化营造和传播的载体，项目所承载的正向理念如果逐步被越来越多的社区居民所认同，这是项目最有价值的成果。因此，项目孵化主体在确定项目前需要从传播理念和项目设计两个维度深度打磨，并在实施过程中不断更新调适项目的各组成要素，这需要创造力和专业能力进行系统支撑。

5. 项目量质关系错位

项目孵化主体通常把项目的数量视作志愿服务工作的成效，但现实中，受制于资金资源缺乏、志愿者参与缺失、工作人员的能力和精力不足等原因，多项目建设的做法很难保证每个项目的质量，常有"虎头蛇尾"的情况发生，同时带来诸多不利影响，特别是极大程度削弱了社区工作者和志愿者的信心。

6.项目成果重视度不够

重视项目成果是激励志愿者的重要途径，项目成果本身也是发展志愿服务事业的核心目标内容，项目孵化主体要有注重成果的心态。而在项目实际设计和实施过程中，项目孵化主体往往过多关注场面、形式和宣传等要素，缺乏对项目成果考量指标的讨论、设计以及评估办法。

7.小微组织需求难以满足

社区志愿服务中心、志愿服务站等项目孵化主体在日常工作中经常会接触到一些有意愿参与志愿服务的小微组织，因这些小微组织在资源禀赋、服务内容、服务时间和频率等方面均存在差异，且现有的志愿服务项目和此类组织的需求匹配度不高，导致项目孵化主体无法及时、有效地满足他们的需求。

在实际操作中，项目孵化主体面对此类情况的处置方式主要有三种做法。一是暂时搁置，不知如何回应。例如某企业党支部找到中心，希望每月参加一次志愿服务活动，并希望服务时间设定在工作日晚上六点之后或周末，该支部仅提供志愿者人力支持，且每次人数不超过 3 人。针对该支部相关需求，中心积极沟通，引导其参与中心在周末举办的大型活动，但大型活动数量较少，无法有效匹配其长期需求；二是引导组织变更需求，参与和需求不匹配的志愿服务项目。例如，某一小微企业计划组织员工每季度参与一次志愿服务活动，并希望通过活动促进企业文化建设，激发员工活力，让员工有成就感。中心引导该企业参与每季度在社区举办的"公益市集"中的义卖主题活动，参与活动时可自带义卖物品，也可协助其他组织开展义卖。该企业决定参与并选择协助其他组织开展义卖，但在参加第一次活动之后该企业认为项目不够理想，希望中心能够有其他可选择的项目，面对该企业的需求，中心暂时还不能找到可匹配的项目；三是专门为组织定制专属志愿服务项目。例如，某小区一

项目孵化共同体的具体任务可以包含共同体组织创建、项目信息的共享和传播、"共同成长"赋能计划、项目共创小组和"志愿服务项目官"培育等。

（1）共同体组织创建

组建项目孵化联合体，如"志愿服务项目发展联盟"等，持续吸纳和更新项目核心决策者。结合区域实际共同制定制度或章程，制度内容可包含微信群管理制度、定期线下分享沙龙、网络学习计划、组织团建、项目观摩、专项职能轮值服务、项目培训、项目扶持计划等。在实际操作中，考虑到中心长期设置志愿服务事业发展联盟组织，因此建构项目孵化联合体的组织架构时须因地制宜、尽量简单，应以凝聚志愿服务事业"关键人"为核心目标，有效保障常态化互动沟通。

（2）项目信息的共享和传播

信息的共享和传播是联合体合力建设的基础保障，应努力保障联合体成员间的信息对称，让各成员能够持续受到"有作为者"和项目成效的感召和激励，激发成员项目孵化的内生动力。社区志愿服务中心日常掌握的信息相对庞杂，且每个志愿服务参与主体均需要接收大量多元的信息，容易出现"信息疲劳"状态。因此，中心应尽量考虑围绕工作主题做到信息聚焦，传播对受众群体最有成效的信息，实施精准传播，避免信息轰炸。在项目孵化共同体的成员间，有关项目问题讨论、项目经验分享、项目知识和案例学习、项目资源共享和项目成效展示的信息可设定为共享传播的主要内容。

（3）"共同成长"赋能计划

联合体可以从两个维度促进共同成长：一是建设"资源池"，二是共同学习和工具支持。建设"资源池"方面，由于资源具有"稀缺性"和"不确定性"，加上配置依赖的专业程度高、工作成本大等原因，资源配置往往较难产生令人满意的成效。因此，联合体应反复研究如何构建项目资源高效整合和优化配置机制，避免仅关注资源受益对象的需求，要更加重视资源供给主体的需求。共同学习方面，联合体可以通过项目案例和经验分享会、外出参访、活动现场观摩、线上定期学习会、项目直播分享学习制度设计、内部"项目培训师"制度设计、项目主题年会等方式有计划地开展和推进。为提升学习效率、学习便利性以及对碎片化学习知识有效管理的能效，联合体可以开发在线学习分享工具，如活动在线直播工具、在线案例库等。

（4）项目共创小组培育

项目的立项、策划、组织实施和提质增效一般都需要多个项目孵化主体共同参与，一方面是因为群策群力才能保障项目的质量，另一方面是因为项目孵化主体的资源和项目建设能力的差异较大。大部分情况是很多项目孵化主体独自承担项目的能效较弱，或者独自承担的项目本身规模小、覆盖服务对象少，导致实施的意愿和动力弱。因此，此类项目孵化主体需要把自身资源融合进其他待实施或已实施的项目平台中，若有组织者能够专门整合、组织各类文体团队资源实施志愿项目，则可以促进那些有意愿却缺乏能力参与志愿项目的社区问题团队更加主动地参与志愿服务，如进养老院为老人表演节目等。因此，联合体可设立项目共创制度，鼓励围绕独立项目发展"项目共创小组"，此类小组是联合体下的细胞组成单元，联合体可通过小组建设成效展示、为小组供给资源等方式促进共创小组的发展。

（5）"志愿服务项目官"培育

企业参与志愿服务的能效常受精力限制，大多数也因为对社区治理体系不够熟悉而导致在项目策划方面存在短板。联合体可以考虑整合社会组织领袖、志愿服务实践专家等专业人力资源，通过购买服务或志愿服务团队培育等方式，创建和发展"志愿服务项目官"

制度，实现一对一或一对多服务模式，专门服务企业开发、策划符合企业资源禀赋的志愿服务项目。

4.强化项目孵化能效

持续、有效地提升每个项目孵化主体的能动性和能力建设水平是社区志愿服务中心的重要工作目标。项目孵化共同体建设可以理解为"土壤"培育，每个项目孵化主体在"土壤"中自主播种、育苗、不断成长是项目孵化功能建设的主要内容和核心要领。中心可以从六个方面着力部署和推动此项工作，具体包括项目指导性文案研发、实施"一团队一品牌"策略、实施志愿服务项目创投计划、中心主导品牌项目孵化、项目认领机制建设和"全空间"项目孵化布局体系建设等。

（1）项目指导性文案研发

项目孵化的专业性较强，对孵化主体的综合认知水平要求较高，其中认知清楚项目本身和社区治理体系建设和发展的关系很重要，也需要项目孵化主体有过长期浸润于社区的实践经验，现实中绝大多数项目孵化主体缺乏此类经验，这是目前社区志愿服务项目建设的核心瓶颈。因此，中心在整体规划建设培训指导体系的基础上，应结合区域实际重点、专门制定项目孵化主题学习和培训指导机制。具体推进此项工作的策略为研发项目指导性文案，如《志愿服务项目孵化指导手册》，并定期依据文案组织各类学习活动。文案的信息可包括"项目基本概念、项目设计、项目管理、项目案例学习"等部分：

• "项目基本概念"部分

·项目定义

项目是指在一定的约束条件下（主要是限定时间、限定资源），具有明确目标的一次性任务。项目管理是把知识、技能、工具和技术应用于项目的各项工作之中，确保项目顺利开展并实现或超过项目利益相关者的要求和期望。

·项目发展阶段

项目启动阶段：确定项目需求和目标；估算所需投资；建立项目组织；确定项目组织的关键成员。

项目计划阶段：项目组织方式的确认；项目的基本预算和进程的制定；项目可行性研究和分析，项目的执行准备。

项目执行阶段：实施项目。

项目收尾阶段：评价、总结项目目标的完成程度；进行交接。

·项目的评判标准

服务对象明确。包括服务人群具有针对性，即项目要针对明确的受益群体，有精准的定位；服务人群具有普遍性，即项目所涉及的对象需求具有广泛性，在项目实施地域有一定比例的人群遇到相同的社会问题；服务需求的迫切性，即满足服务对象需求的能效还存在一定或较大的不足。

服务内容精准。包括能满足服务对象的需求，解决服务对象的某一方面问题；服务内容蕴含的价值大，能为参与者带来快乐和收益；人们愿意来做志愿者，能够实际招募到一定群体参与项目执行；服务要求明确具体，工作职责清楚；工作内容具有重复性，保证项目的持续和推广。

实施方法科学。包括具体项目计划，其中项目目标、指标清晰合理，活动设计有效，进度安排适当；项目落地性强，项目执行机构与社区、单位有良好的沟通，在现实空间具备可落地性；项目参与的便利性强，项目要便于员工、捐赠者、志愿者参与；项目实施方法要有一定的科学性和艺术性。

服务效果显著。包括解决或缓解了某一方面社会问题，产生了较好的社会效益和多赢的效果；影响了社会政策，带动某一方面社会问题的有效解决；改变了人们的行为习惯，促进了社会文明进步。

• "项目设计"部分

· 开发、设计志愿服务项目必须思考的三个问题

项目要解决什么样的社会问题？

项目受益群体有哪些？

项目要满足他们什么样的需求？会给他们带来什么价值？

· 项目普遍存在的问题

项目要解决的问题过于杂乱。

项目的服务对象太宽泛。

项目要满足的需求不清楚或者要满足的需求太多，而无法实现。

· 项目设计的主要原则

紧扣组织使命和战略。包括思考自己的组织为什么而存在、社会为什么需要自己的组织等；遵循使命的指引，即组织的所作所为就是为了正确而有效地履行组织的使命；服从组织战略，即战略规定了组织应该做什么，不该做什么，但这种规定往往是宽松的，有时它仅仅指出了组织活动的领域，项目设计时仍然存在"选择问题"，宽泛的战略要落实到一个个具体的项目之上。

锁定目标群体及其需求。组织的资源是有限的，只能通过解决有限的问题，达到有限的目标。因此，组织需要考虑目标的"优先性问题"。组织应综合"组织使命、客观需要、自身资源能力、外部环境条件"等要素作出最适合的选择。

清晰界定受益群体。受益群体主要包括直接受益群体：通过组织的工作使其生活得以改善的人；间接受益群体：志愿者、会员、合作伙伴、资助方、政府、组成成员和其他需要满足的人；潜在受益群体：那些确实需要某种服务，并渴望得到这种服务，但目前还没有成为服务对象的客户。一般一个志愿服务项目就针对一个主要客户，开发志愿服务项目要了解和满足间接受益群体的需求，了解潜在受益群体也非常重要，他们是新项目的重要来源。

寻找满足特定群体特定需求的有效方式。特定的问题有特定的解决方式。具体实施路径包括：罗列出能够解决的问题，能够满足目标群体的需求的各种方式、手段、办法；分析这些方法的有效性和可行性。其中有效性是指手段和目标之间存在因果关系，手段与目标匹配最优化。可行性是指能够获得实施这些方法所需的资源和能力。

　　追求创新性、可持续性和可复制性。志愿服务组织如果能够发现一种新的需求，开创一种新的解决问题的方式，提出一种新的理念，并通过发挥示范作用，有效扩大实际影响，其作用就有可能是无限的。

　　明确退出机制。在完成某个项目孵化任务并推动该项目有序有效自运行后可以选择"退出"。在设计退出机制时应包含以下目标的实现：项目的理念被对方接受、所需的专业技能被对方掌握、组织结构和管理流程持续存在、资金有保障、有后继者等。

　　预估项目风险，制定防范方案。一个项目包括可预料的风险和不可预料的风险，常见的志愿服务项目风险包括：政策法规影响、自然环境限制（台风）、人为因素变化（志愿者未到场）、计划考虑不周、志愿者的人身意外伤害、志愿者对服务对象或其他人的人身伤害或财产损毁应承担的赔偿责任以及志愿服务活动中的违法风险等。

・"项目管理"部分

·确定项目目标

　　一个好的项目目标的特点。包括具体明确、结果可测、力所能及、符合利益、有始有终等。

　　制定项目目标的步骤。根据长期目标，制定若干个具体目标。根据具体目标，确定时间限定的、具体的任务或活动。

·制定项目实施计划

　　可参考表7进行设计：

表7：项目实施计划表

活动内容		活动时间	活动地点	活动次数	参与人数	负责人	所需资源	备注
分目标1	1							
	2							
	3							
	4							
	5							
分目标2	1							
	2							
	3							
…								

· 严格的资金管理

资金管理的主要内容。执行预算、预算审批制度、详细的记录、结算、不可预见事项筹备等。

项目预算的目的。保证实施项目所需资金的落实。项目预算编制的科学合理，严谨细致，取得参与方和资助方的信任；控制实际项目支出与预算之间的差异；确保项目的实施和资金使用的一致性，做到专款专用；对财务行为进行必要的监督，保证资金使用的有效性。

项目预算的基本要求。包括切合实际、清晰具体、涵盖所有的活动、其他资金来源统筹、做好审计准备等。

项目预算内容。业务活动费：开展项目活动或提供服务所发生的费用，包括人员劳务成本、志愿者补贴、培训费等；管理费：项目实施过程中发生的管理费用，包括项目行政管理人员费、办公费、水电费、邮电费、物业管理费、差旅费、折旧费、修理费等；税费（必要时）；不可预见费用（必要时），如货币贬值、通货膨胀、薪资上调等。

· 选拔合适的项目管理人员

项目管理人员的资质。包括项目管理经验、团队管理能力、公关能力、丰富的社会经验、个人魅力、项目管理意识、进度意识、质量意识、分工意识、层次意识等。

项目管理人员的职责。包括规划和计划、组织实施、内部流程和项目标准控制、激励、制定管理制度、对结果负责等。

项目管理人员的选拔。包括在资深员工中挑选、对外招聘、向其他组织临时借用等。

· 项目的评估

项目评估的内容。包括检查项目的进展状况、了解活动的有效性、获取更多的信息并总结经验、进行比较找出自己的长处与不足、改进监督方法等。

项目评估的对象。包括项目资助机构／捐赠者、项目管理机构、社区、政府、理事会、公众等。

项目评估的指标。评估指标的设计可参考表8内容：

表8：项目评估指标

评估指标	指标说明
项目的适宜性	项目是否符合当地的实际需求
	项目是否会导致新的问题
	项目是否提高了群众的参与能力
	项目是否提高了群众在特定方面的知识与技能
项目的时效性	项目的实施是否及时
项目的效果	项目的投入是否产生了预期的结果
项目的效率	项目投入的人力、物力、资金，设备及其他资源产生结果的速度

评估指标	指标说明
项目的影响力	项目产生的积极的社会影响力（受益群体的积极变化：态度、能力、生活、社会参与等）
项目的可持续性	项目援助停止后该项目是否能够依然存在并运行

评估的方式包括：

内部评估：包括自我评估、团队评估、机构评估。

外部评估：包括专家评估、资助机构评估。

过程评估：贯穿项目过程。

结果评估：项目结束后评估。

影响力评估：项目结束后一段时间进行。

·项目建议书（或立项申请书）

建议书内容可包括项目的背景情况（形势）、急需解决的问题（需求）和服务对象、项目预实现的目标及评估指标（具体、可衡量）、具体的项目活动与实施方案（时间、内容、地点、作者等）、项目预算（每一个活动需要的所有经费）等。

·项目的报告

项目报告的类型。包括项目的进展报告、项目的最终报告、项目的财务报告等。

项目报告的内容。

基本情况描述：包括项目名称、项目实施时间、项目执行团队等。

项目实施情况：包括计划实施的项目活动有哪些？实际实施的项目活动有哪些？项目如何实施的？在项目实施过程中，遇到哪些问题和困难？如何克服的。

项目的效果：项目制定的目标有哪些？项目目标是否实现？（量和质两方面）根据在项目设计阶段已制定的成功指标，陈述项目已达成的成功指标？（包括具体的成效；目标群体获得的提升；其他相关群体获得的提升；对项目目的的合理性调整等）（注：提供服务对象的反馈资料）假如项目计划达成的成效与实际达成的成效有差距，请阐述这些差距是怎么发生的？是什么原因导致的？是否有新增加的项目活动，这些活动并不是原本计划开展的？如果有，请说明原因，并阐述其结果。这些新增加的项目活动是否有项目预算？项目的受益人群（直接受益人、间接受益人）是如何参与本项目的？

项目影响力：通过所开展的项目活动，产生了哪些作用和影响？受益群体如何看待本项目所开展的工作及达到的成效？是否有媒体对项目进行报道？有哪些报道？

总体评语及观点。简述对项目的总体评价及经验启示。

典型事例。例举项目中可展现项目成效的一些典型事例。

· "项目案例学习"部分

项目案例对于项目孵化主体具有较大的学习价值和启发作用，中心可建立项目案例分类数据库，一方面不断累积案例素材，另一方面应结合社区实际并以回应社区需求为目标不断更新项目设计，对项目进行二次加工，强化项目落地应用的价值和应用指导功能。项目案例一般包括四种类型：

开发型案例。指由中心结合社区实际发展和服务需求主导开发的待执行类志愿服务项目案例。

借鉴型案例。指引入来自不同区域，且已实施的志愿服务项目案例。

应用型案例。指正在街（镇）所辖区域内实施的志愿服务项目案例。

现场活动案例。指志愿服务组织通过信息共享传播平台直播分享正在执行中的项目，此类项目信息仅供参考学习，无需列入项目案例分类数据库中。

（2）实施"一团队一品牌"策略

中心运用多元支持模式如项目创投、项目认领机制等支持每一个志愿服务组织能自我组织或参与一个志愿服务项目。对于社区较常见的自益性团队组织，如书法俱乐部等，中心可通过动员和策划服务，引导团队自愿叠加志愿服务功能，自我组织或参与志愿服务项目，如动员书法俱乐部每年年末开展一次"爱心春联"志愿服务项目，动员乒乓球爱好者团队利用寒暑期为社区青少年举办公益竞赛活动。

（3）实施志愿服务项目创投计划

中心可整合资金资源实施志愿服务项目创投计划，激发志愿服务组织、服务站和基地孵化项目的能动性。另外，中心也可联动相关科室，依托居民区自治金或党组织服务专项经费等资金资源，共同发起志愿服务项目创投计划，形成项目共创机制。

（4）中心主导品牌项目孵化

中心结合街（镇）区域发展和实际需求，对志愿服务品牌项目发展计划进行规划设计，重点创建若干个项目品牌并进行持续孵化。中心也可从其他区域引入品牌项目资源，负责落地孵化。

（5）项目认领机制建设

中心可编制《社区志愿服务项目指导手册》，重点列举若干个较成熟的项目内容，并联合居民区党组织、居委会共同引导和鼓励学雷锋志愿服务站依据手册选择适合的项目落地孵化，或在已有的项目设计基础上进行创新孵化。

（6）"全空间"项目孵化布局体系建设

目前上海各区正在积极推进公共空间建设，如闵行区"邻里中心"、杨浦区"睦邻中心"和社区为老服务中心等，有的街（镇）还通过区域化党建等载体平台，利用区域单位的空间建设社区共享空间。新公共空间资源的大量产生为志愿服务项目培育提供了更多的友好支持平台。因此，中心应系统思考如何依托"全空间"资源统筹部署和建设项目孵化职能体系，具体推进策略如融合各空间负责人参与项目孵化共同体，或将空间纳入志愿者服务基地平台统筹推进等。

5. 注重项目成果展示

项目孵化主体可以在项目方案制定环节中强化对项目成果要素的设计和考量标准，并在每次活动后，对项目成果进行总结并做到成果信息及时共享。具体实施时，可以制定关注成果的相关制度，如在每次活动后编制"项目成果小结"，并在微信群等共享平台及时分享，展现方式的设计可以"有激励作用、便于阅读、有仪式感"为主要原则，如设计"志愿服务，让美好产生"成果宣传主题图片，设计包含成果信息的电子荣誉证书、以记录成果信息为主要内容的统计图表等。

6. 重视小微组织和志愿者的价值培育

小微志愿服务组织和志愿者是社区周边和社区内最常见、数量最大的志愿服务力量，也是项目实施过程中参与频率和便捷性最高、拥有资源种类最多元的群体。因此，项目孵化主体在项目孵化过程中应把整合小微志愿服务组织和志愿者看成首要核心工作，着重通过项目设计实现动态吸纳此类群体参与项目的方式方法。如某学雷锋志愿服务站每月15号开展一次"志愿服务日"活动，服务站根据社区需求不断在该项目平台中设计"微项目"以回应小微志愿服务组织和志愿者的需求，如垃圾捡拾、免费理发、法律咨询、小广告铲除、防诈骗指导、垃圾换绿植、中医咨询等，由于在固定日期举办，月月坚持（极寒极热天气除外）且可参与项目较多，该项目形成了良好的口碑，活动氛围、规模以及成果都得到了居民的认可。如有一位全职妈妈主动要求带茶叶、茶器和烧水壶，在活动现场为志愿者和社区居民提供品茶服务。

四、资源整合功能

（一）核心目标

1. 加强统筹协调，整合区域人、财、物资源，促进区域内各类志愿服务组织或团队发挥特长、优势互补、共建共享。

2. 每年与条线职能部门、区、校区、厂区、商区、园区等合作开展志愿服务项目不低于5项。

3. 有建立2年以上合作关系的社会组织、学校、医院、部队、企事业单位等合作对象。

（二）常见问题

1. 资源整合功能较弱，配置效率较低

资源整合是实施资源配置的前提，实际操作中，普遍存在整合有名而配置无实、整合和配置职能割裂、整合配置能效弱的问题。因此，实施资源整合必须构建"整合和配置一体化"机制。资源整合主体需要整合和配置的资源类型较多，主要包括志愿服务组织、志愿服务组织领袖、志愿服务阵地、志愿服务项目、志愿支持类物资、激励型资源、培训服务资源、媒体资源等，而整合和配置诸多类型的资源需要有强互动联系功能的平台支撑，单靠组织建构、网络沟通平台建设等方式是无法实现的，以项目为导向的整合模式是一种有效路径。

2. 长效保育机制欠缺，资源较易流失

资源的长效保育是社区志愿服务中心推进资源整合和配置工作要实现的重要目标，同时也是一个比较突出的难题。资源本身存在挖掘难的问题，往往是资源整合主体投入了较大的精力和资金才与资源供给方建立了联系，并获得了初步合作的机会，但往往因各种原因留不住资源，导致常常出现不断挖掘资源、再不断流失资源的尴尬局面。

3. 媒体影响力尚浅，宣传效果不佳

社区志愿服务中心在品牌影响力提升、志愿文化营造和传播方面较依赖多元媒体资源。由于社区地域特征属性，如何在区域内精准传播，实现广泛、深度覆盖甚至在社区每个家庭内部产生传播力，一直是中心面临的重要课题。

4. 信息库失效，价值发挥困难

社区志愿服务中心、学雷锋志愿服务站等资源整合主体常会建立团队信息库和项目信息库，但信息库往往只起到管理基本信息的作用，缺少价值感，信息更新的空间也很小，这导致了管理者持续关注信息库的意愿会逐步降低，久而久之，信息库容易变为"失效库"。

5. 激励形式单一，效果难以维持

激励褒奖制度能效低是社区志愿服务工作中的主要短板。资源整合主体目前多依靠政府资金资源的供给，很多实践"时间银行"激励制度的社区管理主体激励资源和形式单一、数量有限，对于青年群体很难起到长期的激励作用。

（三）对策指引

1. 整合志愿服务阵地的实施路径

（1）整合志愿服务阵地的工作导向

社区志愿服务中心、学雷锋志愿服务站等资源整合主体在整合志愿服务阵地时应以"高效匹配，便于使用"为工作导向，即如何为各项活动、沙龙和会议高效匹配到一个或多个阵地空间资源，并能让相关方快速了解到匹配阵地的相关基础信息，如空间地址、功能布局、大小、联系人、开放时间和注意事项等。为拓展更多空间阵地资源，资源整合主体可建立工作机制，通过宣传动员，吸纳更多的商业企业提供"共享空间"并鼓励其担当空间专属的志愿服务组织。

（2）整合志愿服务阵地的行动策略

广泛吸纳阵地资源。应为有需求的志愿服务组织已经确定的项

目、活动或活动计划，匹配一个或多个阵地空间。如定期开展"志愿服务领袖沙龙"，可选择志愿服务组织以轮值方式在其提供的阵地中进行。如举办"志愿者新春联欢会"，可匹配影剧院、社区文化活动中心等场地资源；为鼓励更多企业参与"共享空间"建设，资源整合主体可把提供志愿服务阵地并提供阵地服务界定为"志愿服务项目"进行宣传推广，重点鼓励企业依托阵地资源参与志愿服务事业，履行社会责任。如学校、幼教机构可以为开展"远程支教"的志愿服务组织提供场地、师资支持等服务；引导志愿服务组织提供阵地服务支持是整合阵地资源时需要达成的重要目标，服务内容如场地布置、设施筹备、活动导引等，可以有效解决资源整合主体人力不足的问题。

实现阵地信息可视化。资源整合主体可通过编制"志愿服务阵地库"或"志愿服务阵地地图"等方式管理志愿服务阵地信息。

2. 整合志愿服务组织的实施路径

（1）整合志愿服务组织的工作导向

社区志愿服务中心、学雷锋志愿服务站等资源整合主体在整合志愿服务组织过程中可围绕两个工作导向进行推进实施：一是"形成志愿服务常态化项目"为导向，引领多方参与，共建具有街（镇）层面有影响力的志愿服务项目；二是以"为学雷锋志愿服务站和志愿者服务基地赋能"为导向，重点整合有服务能力的志愿服务组织，为服务站和服务基地提供服务资源。

（2）整合志愿服务组织的行动策略

通过建立联盟组织进行整合。在推进实施中，资源整合主体可通过建立联盟组织的方式进行整合，成立诸如专业社团"志愿服务联合会"和松散型社群"志愿服务联盟"类的志愿服务组织，以"志愿服务联盟"为例，其组织体系设计如图2所示：

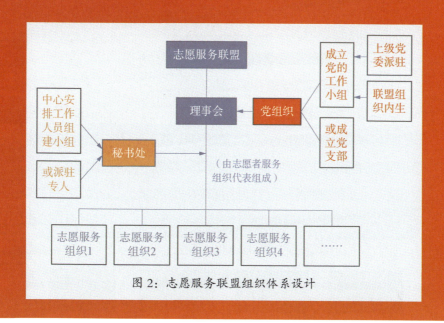

图2：志愿服务联盟组织体系设计

·理事会：选择参与度相对高的组织代表进行组建，人数根据实际情况确定。

·秘书处：由区级中心安排工作人员组建小组或委派专人担当职责。

·党组织：以发挥党员先锋模范作用为导向，在上级党委的引领下，结合实际，可设置党支部或党的工作小组，其中"党的工作小组"可由上级党委"派驻"或在联盟组织内"内生"产生并组建。

通过孵化项目进行整合。在对志愿服务组织的资源、项目调研的基础上，资源整合主体通过策划和实施项目，形成多组织项目共建模式。在孵化项目的过程中，应考虑动态吸纳新增志愿服务组织参与，强化组织整合功能。

注重信息共享和传播，保障整合成效。为保障对志愿服务组织的整合成效，应重视信息的共享传播。如利用微信群或第三方信息共享传播平台，将发生在不同时间地点的会议、活动等信息进行共享，实现和各志愿服务组织之间的信息对称。

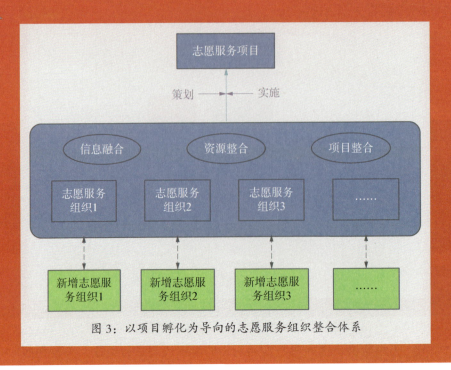

图3：以项目孵化为导向的志愿服务组织整合体系

建设志愿服务组织库，完善跟踪服务制度。资源整合主体可同步通过建立微信群、《志愿服务组织联系表》的方式整合志愿服务组织的信息。组织信息除了包括负责人、组织名称和简介、志愿者、志愿服务领域等一些基本信息之外，还应将"团队需求"信息作为重要的信息收集项，并建立相应的定期收集和跟踪服务制度，确保组织库不成为"失效库"，要可持续。

3. 整合志愿服务项目的实施路径

（1）整合志愿服务项目的工作导向

社区志愿服务中心、学雷锋志愿服务站等资源整合主体在整合志愿服务项目过程中可围绕两个工作导向进行推进实施：一是以"建设品牌项目"为导向，依托阵地资源，通过对项目资源的梳理和整合，策划和实施品牌项目（如"志愿服务日"项目），可以整合日常已经在开展的一些便民公益小项目；二是以"吸纳志愿服务组织的项目"为导向，志愿服务项目可以对源自各志愿服务组织的"同类型"和"非同类型"项目进行动态吸纳,如"修身大讲堂"项目可以吸纳文化讲座类志愿服务项目,"科普志愿服务进社区"项目可以吸纳科普类志愿服务项目等。

(2)整合志愿服务项目的行动策略

通过"项目征集"进行整合。资源整合主体在对项目进行规划的基础上,可向各志愿服务组织公开征集可参与的志愿服务子项目。

通过"项目共创"进行整合。资源整合主体结合正在或计划开展的项目,邀请相关志愿服务组织共同组建项目"共创小组",在整合项目资源、不断动态吸纳志愿服务组织融入共创平台的过程中,形成项目共创机制。

建设志愿服务项目库,完善跟踪服务制度。资源整合主体可通过编制"志愿服务项目库""志愿服务地图"等方式管理志愿服务项目信息。项目信息除了包括责任团队、项目内容、服务对象、举办频次等一些基本信息之外,还应将"项目建设需求"信息作为重要的信息收集项,并建立相应的定期收集和跟踪服务制度,确保项目库不成为"失效库",实现可持续应用。

4. 整合志愿服务组织领袖的实施路径

(1)整合志愿服务组织领袖的工作导向

社区志愿服务中心、学雷锋志愿服务站等资源整合主体在整合志愿服务组织领袖过程中可围绕"凝聚关键人"的工作导向推进实施。通过回应和解决志愿服务组织领袖的需求和问题,借助活动载体营造志愿服务组织领袖间良好的互动关系,搭建分享平台形成互助互学的友好氛围等方法措施,有效激发志愿服务组织领袖的内生动力。同时,资源整合主体可以为志愿服务组织领袖提供参与志愿服务事业共创的路径和平台,促进人才功能发挥,凝聚共建共治合力。

(2)整合志愿服务组织领袖的行动策略

通过"共创顶层设计"进行整合。资源整合主体在组建联盟组织、项目设计、制定持续推进策略和规划设计方面邀请志愿服务组织领袖参与并形成"共创小组"。

通过建立分享平台进行整合。资源整合主体可建立诸如"志愿服务组织领袖沙龙"等形式的分享平台，形成制度化分享交流机制。

注重参与成果类信息共享，强化"关键人"激励作用。对于"共创小组"，资源整合主体可建立主要包含小组成员信息、共创小组成果等信息的"共创小组"展示平台，通过编制《志愿服务组织领袖贡献信息记录表》等方式管理志愿服务组织领袖信息。记录表设计参考表9：

表9：《志愿服务组织领袖贡献值评价表》

姓名	服务时间	服务具体事项	服务类型(1. 文案、宣传；2. 培训；3. 调研、讨论；4. 直接服务；5. 后勤；6. 其他)
人员1	2019.11.2	例：参加"12·5国际志愿者日"**街道大型活动策划讨论会	3
人员2	2020.3.12	例：在志愿服务组织领袖沙龙活动中提供专业心理知识培训	2
人员3			
……			

5. 整合志愿服务支持类物资的实施路径

（1）整合志愿服务支持类物资的工作导向

社区志愿服务中心、学雷锋志愿服务站等资源整合主体在整合志愿服务支持类物资的过程中可围绕三个工作导向进行推进实施：一是以促进形成常态化志愿服务项目创投模式为导向。志愿服务项目创投模式是发掘和培育优秀志愿服务组织和人才、激发组织活力和弘扬志愿文化的重要驱动机制，因此，资金整合导向可以指向促进生成不同能级、覆盖专项或综合项目领域的创投平台；二是以便于各志愿服务组织查询和申请使用物资为导向。资源整合主体将志愿服务支持类物资作为"赋能型"资源支持各志愿服务组织和项目，在整合物资的基础上进行有序、高效分配；三是以便于物资的日常规范化、高效管理为导向。在物资整合过程中，应将有意愿提供支持物资、参与管理或提供存储空间的各志愿服务组织进行统筹，逐步形成志愿服务支持类物资的共治型管理机制。

（2）整合志愿服务支持类物资的行动策略

三类支持类物资的整合策略。资源整合主体一般会面对三类物资需要整合的情况，一是志愿服务组织捐助的资金或通过组织义卖活动募集的资金，对于此类物资可以通过和基金会（如"社区基金会"）共建设置志愿服务"专项基金（账户）"进行整合，"专项基金（账户）"用于支持志愿服务项目创投计划；二是志愿服务组织捐助的、不做明确用途要求的支持类物资，此类物资由资源整合主体统筹管理和使用；三是志愿服务组织捐助的、有明确用途要求的支持类物资，如"用于困难家庭学生"等，此类物资由资源整合主体通过策划专属项目或对接相关志愿服务组织进行统筹管理和使用。

建立物资管理信息平台，提升物资的整合和配置效能。资源整合主体可建立支持类物资管理信息化平台，提升物资的整合和配置效能，并实行竞争型物资申请制度，即通过整合物类资源、仓库资源以及仓管志愿服务人员，鼓励各志愿服务组织申请使用物资，物资可支持开展创投项目或其他志愿服务项目。

建立物资共治体系，形成"阳光下的物资流通平台"。为保障志愿支持类物资在整合和配置过程中能坚持秉承"公正、透明"的原则，资源整合主体可通过设立专门用于管理志愿支持类物资的共治型组织，如"公益物资委员会"等，物资相关信息在组织搭建的沟通和服务平台上共享。

6. 整合培训服务资源的实施路径

（1）整合培训服务资源的工作导向

社区志愿服务中心、志愿服务站等培训管理主体中在整合培训服务资源时可以以回应培训对象需求为导向，重点关注培训对象在课程内容、培训场地方面的需求。

（2）整合培训服务资源的行动策略

结合社区实际，整合培训讲师资源。社区志愿服务团队和服务项目类型多元，社区情况千差万别，而培训理应结合志愿者的服务场域和服务项目，脱离实际的培训很难得到志愿者的认同，实际成效也不大。因此，培训管理主体应结合社区实际广泛招募和发展培训讲师。

注重课程研发，做"接地气"的培训服务。培训管理主体有时较难找到匹配社区实际的讲师资源，面对这个情况，需要整合专业机构、志愿服务组织和社区能人等服务资源共同合作，合作提升课程的研发能力，强化课程内容和需求的契合度。

整合培训场地，方便志愿者参与。在培训场地方面，应注重针对不同区域、不同类型培训对象的便捷程度，以及空间质量和培训对象需求的契合度。

建立培训服务资源库，注重弥补资源的盲区。培训管理主体可建立"培训服务资源库"管理培训服务资源信息，并持续招募、挖掘和拓展培训服务资源，实施整合。对于服务资源存在的盲区，中心应策划向社会公开招募和动员的宣传策略。

7. 整合激励型资源的实施路径

（1）整合激励型资源的工作导向

社区志愿服务中心、学雷锋志愿服务站等激励执行主体在整合激励型资源的过程中可围绕两个工作导向进行推进实施：一是以建立资源的统筹配置机制为导向，即对资源进行统筹管理，保障激励型资源在各激励执行主体间有序、高效流动；二是以建立分类激励志愿服务团队的激励机制为导向，即依据组织能效具体研判情况制定分类激励方案，一般志愿者激励由激励执行主体结合实际制定方案，如街（镇）级"优秀志愿者"评定及激励。

（2）整合激励型资源的行动策略

激励执行主体要有明确的激励计划。激励执行主体应结合社区实际制定激励计划，特别是要依据现有资源情况充分研判计划的可行性。激励计划应根据激励资源的整合情况进行动态调适，激励计划也是整合激励型资源的目标导向，即整合激励型资源的行动是围绕激励计划展开的。

建立针对激励型资源供给主体的动员机制。动员机制的主要内容就是要以激励执行主体为枢纽，建立激励型资源供给主体和激励计划的有效链接。为实现这个目标，激励执行主体日常要和包括社区单位、专业社会组织、志愿服务组织、群文团队在内的多元组织甚至达人能人建立联系，主动向他们推介激励计划，并同步引导每个联系对象可以提供怎样的激励型资源，比如联系手工兴趣类自组织，可以建议制作精美手工品作为颁奖物品。再如联系社区医院，可以建议提供全科医生上门为志愿服务组织成员提供一次体检单解读服务。

注重"激励型资源清单"的建设和评估制度，改善激励褒奖能效低的现状。激励执行主体可通过建立"激励型资源清单"等方式管理激励型资源信息。清单信息是统筹配置的基础，激励执行主体在不断拓展、整合激励型资源的过程中，也会不断促进激励计划的提质增能。因此，激励执行主体应特别重视清单的建设工作，应建立合理有效的动员机制，形成规范的工作制度，持续促进激励褒奖能效。

8. 整合媒体资源的实施路径

（1）整合媒体资源的工作导向

社区志愿服务中心、学雷锋志愿服务站等媒体资源整合主体在整合媒体资源时可以以构建高传播能效的媒体资源库为导向，媒体资源库建设既服务于媒体资源信息的管理，也服务于决策部署和宣传方案的制定。

（2）整合媒体资源的行动策略

媒体资源整合主体可通过持续对宣传覆盖对象的盲区进行分析，形成驱动建立健全媒体资源库的倒逼机制。在媒体资源整合主体推进品牌项目的建设过程中，需要对支持型资源、志愿服务组织和志愿者进行持续动员和招募。因此，媒体资源整合主体可以针对独立或同类项目整合专属媒体资源，构建品牌项目"媒体圈"，通过建立微信群和相关媒体资源进行沟通，实现信息共享。

五、能力建设功能

（一）核心目标

1. 建立培训制度，针对志愿服务团队骨干、志愿服务管理人员、志愿者等不同对象制定年度培训计划。

2. 每年组织或参加各类志愿服务培训不低于 10 次，区域内志愿服务组织或团队培训率达到 50% 以上。

3. 注重志愿服务领军人物、组织领袖、团队骨干等的培训和培养，发挥带头人、核心团队的示范引领作用。

4. 促进志愿服务组织或团队、志愿服务站、志愿者服务基地等之间交流学习和经验分享，提升能力，凝聚力量。

（二）常见问题

1. 常态化学习制度设计不完善

在社会治理能力和治理体系向现代化转型升级的大背景下，以及中央宣传部、中央文明办对新时代文明实践中心建设的部署下，志愿服务事业发展相关的使命、发展理念、工作目标以及实践内容的内涵也在不断发生变化。对志愿服务工作者来说，必须建立常态化学习制度，摒弃"学习就是讲几堂课"的观念，充分认识到这是志愿服务工作提质增能的基础。

2. 培训需求得到满足的程度不高

社区志愿服务中心、志愿服务站等培训管理主体一般会在对培训对象需求、现有掌握的讲师资源和培训形式有了基本考量之后，形成初步的培训工作计划，往往在发掘培训讲师及其培训内容方向较为注重，而在如何更有效的回应培训对象需求方面以及如何设计更有成效预期的培训形式方面不够重视或较难有所作为。其中，讲师资源和课程资源不足是产生此类问题的主要根源。

3. 志愿者参与培训的动力不强

志愿者参与培训学习的动力不强是普遍性问题。导致问题产生的原因较为复杂，可能包括对培训内容不感兴趣或认同感低，认为培训内容和实际服务内容关联度低，更关注自身成长但认为通过培训不能实现，参与培训的其他人与自己在年龄和生活背景等方面差异较大以及参与培训的人比较陌生等原因。

（三）对策指引

1. 强化专业培训

（1）制定负责人常态化学习制度，强化共治主体能力建设

社区志愿服务中心应建立针对学雷锋志愿服务站、志愿者服务基地和志愿服务组织的负责人的常态化学习制度。中心首先需要通过需求调查，一方面了解培训对象对中心计划提供的培训课程清单的选择意向，另一方面了解培训对象的个性化培训需求。中心依据需求调查结果，结合实际制定培训计划，重点围绕"学习平台建设及课程设计"进行规划，注重培训实效和创新发展。其中，学习平台建设可包括"通识班""共创学习小组""网络研学营""参访交流会"和"志愿服务微论坛"等五种类型。

·通识班：针对学员开展志愿服务通识类课程培训，学习形式包括主题讲座和工作坊两种类型。

·共创学习小组：中心结合实际，联动部分志愿服务站、志愿者服务基地形成项目"共创小组"，在推进同一项目过程中形成共学机制。

·网络研学营：组建网络学习群，由中心在群内定期进行工作经验分享、志愿服务项目案例分享和远程视频授课等学习活动。

·参访交流会：定期组织学员选择参访点进行参访学习，由中心邀请参访点负责人进行经验分享。

·志愿服务微论坛：定期组织学雷锋志愿服务站、志愿者服务基地、志愿服务组织负责人以论坛形式开展交流学习，中心可设计论坛"轮值"管理模式，鼓励各学雷锋志愿服务站、志愿者服务基地轮值主办。

（2）围绕项目制定志愿服务组织人员学习制度

各培训管理主体可针对服务于同一个项目的志愿服务组织人员开展培训，具体结合项目内容设计培训课程。培训管理主体也可整合志愿服务组织共同发起和推动一个品牌项目，形成项目"共创小组"，培训管理主体具体结合项目内容和项目进展情况设计共学课程，开展多样性学习活动。

2.强化日常指导

（1）注重日常指导的规范化、标准化建设

社区志愿服务中心可在书面或电子指导性材料的编制方面及有利于学雷锋志愿服务站、志愿者服务基地和志愿服务组织开展工作的信息化工具的应用或开发等方面，发挥引领功能，持续强化指导能效建设。

· 书面类指导性材料例举

➢《社区志愿服务中心指导手册》

➢《学雷锋志愿服务站指导手册》

➢《星级学雷锋志愿服务站建设指南》

➢《星级志愿者服务基地建设指南》

➢《星级志愿服务"共享空间"建设指南》

➢《志愿服务项目参考目录》

➢《"上海志愿者网"管理平台使用指南》

· 电子类指导性材料例举

电子材料包括 WORD/PDF 文档和可用于微信传播的文档材料两种。

➢ 某志愿服务项目共创计划

➢ 志愿服务信息记录管理方法

➢ 志愿者微信群运维方法

➢ 志愿服务创投项目申请攻略

➢ 志愿服务支持类物资的申请办法

➢ 志愿服务活动安全注意事项

· 信息化工具例举

➢ 各类规范化管理表格

➢ 志愿服务供需调查类工具

➢ 志愿服务活动报名工具

➢ 志愿服务评价工具

➢ 志愿服务项目督导工具

➢ 志愿服务信息共享支持工具

➢ 志愿服务支持类物资管理工具

（2）以问题为导向进行日常指导

社区志愿服务中心定期对志愿服务站、志愿者服务基地、志愿

字、电话、人数等）提前提交到门卫处，由门卫完成来访登记后，在指定接待地与志愿者进行对接工作。

志愿服务组织应主动介绍院方基本情况，介绍本次活动的基本流程安排和时间安排，以及在服务过程中志愿者需要知道的注意事项（如在与老人的互动中，注意说话慢、声音洪亮、动作轻等），要特别强调志愿者避免做的事情（如私自给老人喂食、带老人离开居住区，拍摄老人正面照发放朋友圈等），要告知这些行为的危险性，提倡文明服务。然后带领志愿者根据已达成的服务方案引导志愿者进入服务岗位，把志愿者交给岗位责任人（一般为护工或院区工作人员），志愿者在岗位责任人的指导下实施服务内容。

（2）针对未提前预约的志愿者

未提前预约的志愿者需要由养老机构的相关人员接待，如无专职接待人员需志愿服务组织协助接待时，志愿服务组织应在接到门卫通知后到门卫室接待志愿者或志愿者主要负责人，详细询问志愿者服务意向与计划，详细解答志愿者的问题，志愿者提供的服务和养老院需求匹配时引导志愿者填写预约表。如服务不匹配，可婉转谢绝或请对方留下联系方式转交养老机构处理；如志愿者提供服务需立即实施，可联系养老院相关部门，经相关部门同意后，查看志愿者证件并做详细登记后按已预约志愿者接待流程执行。

三、后期总结、跟进和督导阶段

1.养老机构的准备工作

为志愿者提供休息室，备好洗手用品、饮用水、志愿服务时间证明、服务活动照片等物资，听取志愿者服务心得体会，听取志愿者对养老院的建议，表示感谢并做好志愿者的离院登记工作。

2. 志愿服务组织的准备工作

（1）针对开展服务后直接离开的志愿者

对于开展服务后直接离开的志愿者，志愿服务组织进行电话回访或通过网络调查表了解志愿者的服务情况，及时收集志愿者反馈和进行跟进服务。

（2）针对开展服务后可留在养老院参加总结会的志愿者

对于志愿者服务结束后可以预留总结时间的，志愿服务组织可组织志愿者进行集中总结，并对在服务中产生的困惑进行解释和督导服务。督导内容包括：收集志愿者在服务中的感受和建议；引导志愿者通过相互分享学习拓宽视角；了解志愿者对服务过程中产生的不满和困惑，协助解决内心冲突和矛盾，促进其自身成长；与志愿者商议后续服务或者建立长效合作机制等。

4. 强化支持培育

各培训管理主体可通过"需求调研、创投机制、资源供给、项目共创、课程研发支持、提升参与培训的动力"六种路径对培训对象开展支持培育工作：

（1）需求调研

各培训管理主体定期针对培训对象的日常需求进行常态化梳理和调研，形成需求清单，以需求为导向开展支持培育工作。

（2）创投机制

社区志愿服务中心可通过志愿服务项目创投模式对志愿服务联盟组织、志愿服务组织和志愿者服务基地开展支持培育工作。

（3）资源供给

社区志愿服务中心可通过资源供给对志愿服务站、志愿者服务基地和志愿服务组织开展支持培育工作。

（4）项目共创

社区志愿服务中心可依托项目，引领有共同参与意愿的志愿服务站、志愿者服务基地和志愿服务组织共建项目"共创小组"，通过构建项目合力对各参与主体开展支持培育工作。在"共创小组"内，可以有效促进并支持志愿者间相互分享、相互学习、相互支持，共同探讨个人及团队发展中面临的问题及解决之策，让志愿者从中受益。

（5）课程研发支持

各培训管理主体面对培训师资和课程缺失的问题，可以通过组织者自身或引入专业合作组织共同分析研判，找到课程资源的盲点，然后将需要的课程资源和已有讲师资源进行对接。讲师无法提供的课程资源由中心和专业社会组织合作，进行系统研发。因此，培训管理主体应重视培训工作的系统规划和筹备工作，不能"临时抱佛脚"，特别是要提前与多个社会组织进行接洽、讨论和合作实践，选择有研发能力的团队进行长期深度合作，有效促进培训形式的提质更新。

（6）增强参与培训的动力

各培训管理主体面对培训对象普遍动力不足的问题，可以首先对培训对象的需求进行摸底调研，重点了解"什么条件下才有动力参加培训学习"和"是什么原因导致没有动力参加培训学习"两个问题。除此之外，培训管理主体可以重点围绕"关系建立""个人成长""分类服务"和"课程质量"四个方面探索和发现解决方案。其中，"关系建立"是指中心和培训对象、培训对象之间怎样形成熟人关系；"个人成长"是指培训对象认为经过培训在感兴趣或认为有价值的领域获得了专业提升；"分类服务"是指各培训管理主体应考虑对青年类组织、老年组织或专一项目组织等进行分类服务；"课程质量"是指培训内容应具有实用性、系统性和专业性等。例如，某小区正在培育一支绿植维护志愿服务团队，服务站通过和社会组织、区绿化市容管理局、农科院以及高校合作开发培训课程，每周为志愿者开展一次和绿植种植养护相关的课程，并在开展一定周期后将已开展的课程编成书本赠送给志愿者，这种做法收到了良好的成效。

六、团队培育功能

（一）核心目标

1.积极培育或引进适合本区域实际需求的志愿服务组织或团队，为有需求的组织或团队提供场地设施、技术支撑、智力支持等资源和服务。

2.区域内 20 人以上规模的各类志愿服务组织或团队不低于 30 个，每月开展"邻里守望"等志愿服务活动，成为居民自治、社会共治的重要力量。

（二）常见问题

1.缺少培育支持平台

在居民区中，由居委会对一个或几个具体志愿服务组织进行培育的情况很常见，或以居委会作为核心，身边凝聚了一些志愿者却难以形成规范的志愿服务组织的情况也相当普遍。而团队培育是一个永续的过程，需要多元要素注入并协同，如招募、项目设计、项目实施、资源共享、共同学习、团队互助、褒奖激励等，而这些要素需要一个专业平台统筹运行，专业化持续发展。

2.青年参与者比例较低

在居民区中，老年志愿者常见而青年志愿者鲜有是普遍现状，在街（镇）层面，青年参与志愿活动往往和企事业单位等体制动员力度有关，自发主动参与的情况较少。如何倡导和引领青年人参与社区志愿服务事业已经成为全社会面临的重要命题，也是个难题。

3. 志愿文化氛围营造意识不强

团队培育难已成为普遍共识，不论对于老年群体还是青年群体，团队培育的核心是促进居民、机构组织自发自愿参与志愿服务的精神，这需要文化来引领，包括营造认同场景、提升归属感、树立榜样模范、改善邻里关系等，只有文化氛围浓了，可持续的团队培育才会有"根"、有永动力。

（三）对策指引

1. 遵循团队培育的过程性规律

社区志愿服务中心、志愿服务站等团队培育主体可以通过团队吸纳、团队再造和引导自益型组织向志愿服务组织转换三种模式，引导和激励更多的个人成为志愿服务组织成员，支持和指导志愿服务组织、新建志愿服务组织的建设和发展。团队培育功能包含"团队"和"培育"两个要素，对于"团队"，培育责任主体应关注团队自身的普遍性特点和自我成长的普遍性规律。对于"培育"，培育责任主体应在了解团队普遍性特点和成长规律的基础上，积极、有效地干预团队发展的全过程。

团队一般具有三个普遍性特点：一是一群志愿者基于关系与信任而自愿的结合，二是结合的群体产生集体行动的需要，三是为了管理集体行动而自定规则、自我管理。

团队自我成长过程中一般会经历五个发展阶段：

第一阶段：一部分志愿者聚集，彼此之间连接增多，关系越来越紧密。其中志愿者领袖和积极投入者扮演了关键的角色，他们首先投入行动，动员自己的关系，逐步聚集了一群人。

第二阶段：随着内部连接增多，聚集在一起的志愿者"抱团"组成了朋友圈，形成了小团队。

第三阶段：在小团体内部产生认同，团队内部的志愿者开始清楚地认识到自己与团体外成员的差别，意识到自己成员的身份。

第四阶段：小团体形成一个共同的团队目标，并开始着手为实现这个目标而采取集体行动。

第五阶段：团体会逐步演化出团体规则和集体监督的机制，以确保共同目标的完成。

在观察团队普遍性特点和成长规律的过程中，我们也会发现很多团队是由一个主导主体通过指定一群人组织起来形成的，并被赋予一项或多项任务，这类以"被组织"为主要特点的团队，其成长过程中因受主导主体影响较多，特别是还存在主导主体和培育主体不属于同一部门的情况，彼此信息不对称，协调统筹方面的问题较多，导致团队自主意识和自主成长性可能较弱。如何激发和培育这类团队内生动力是一个重要课题。

2. 优化团队培育的路径和方法

在了解了团队普遍性特点和成长规律的基础上，团队培育主体可以从"发现有意愿的个人和组织、组织吸纳、组织再造、发展过程陪伴、倡导和协同自益型组织向志愿服务组织转换"五个方面探索和实践团队培育的路径、方法和策略等。

（1）明确潜在志愿者意愿，扩充志愿服务资源

志愿者招募是团队培育的基础性工作，团队培育主体可以将潜在志愿者分为"个人"和"团队"两种。对于个人，团队培育主体应建立发现和记录机制，如发布招募短文、在活动现场增设招募环节或设置招募宣传位、向单位机构定向发布招募需求、倡导其他人或机构组织推荐等。对于团队，团队培育主体应建立精准征询和记录机制。团队不同于个人，普通宣传招募办法无法奏效，需要和能够联系社区单位、社会组织的条线职能部门进行联动共建，如联动社区党建服务中心联系党组织，联动社会组织服务中心联系社会组织等。为保障沟通效率，同时考虑每家单位在第一次沟通后还需要

内部讨论而无法现场明确意愿的情况，团队培育主体可同步采取上门走访和使用规范书面表单进行意向征询两种方式。在上门拜访前，团队培育主体也可先将意向征询表单电子版本发给目标对象，后续跟进联系即可。团队培育主体也可多走访社区商户，按照意向征询表单的指引发掘资源。

（2）依托组织化吸纳，避免力量原子化

新产生的个人志愿者或团队志愿者可以在团队培育主体的引导下加入已有的志愿服务组织。对于个人志愿者，可以遵循就近、尊重兴趣等原则为其匹配志愿服务组织。实际运行中，社区志愿服务中心、学雷锋志愿服务站因现有志愿服务组织类型单一、或基本以老年人参与为主而无法为个人志愿者提供可匹配的志愿服务组织的，针对这类情况，取而代之的方式是邀请志愿者参加未来在社区举办的其他活动，这类做法较为普遍。实行这种做法的团队培育主体一般不够重视团队培育职能，普遍以"活动执行"为导向引导志愿者参与，但随着志愿者数量逐步增多，团队培育主体由于人手、精力有限，导致了对分散和处于原子化形态的志愿者的管理难度逐步加大，志愿者培育的瓶颈也随之显现。

（3）发展新组织，盘活"僵尸型"组织

单位析出志愿服务组织。团队培育主体通过走访对接发掘有意愿从事志愿服务的单位组织，如企业、学校、商户、群团组织、专业社会组织等，通过专业引导支持将其直接导入其他组织或直接培育成为新的组织。

能人带动激活已有组织或发展新组织。在志愿者中挑选出能人，将能人导入其他"僵尸型"志愿服务组织或运营能效较低的志愿服务组织实施激活，或直接引导支持能人发展新的组织。

依托项目孵化组织。团队培育主体在策划、组织和实施每一个项目的过程中，都可以考量是否需要配套孵化一个志愿服务组织负责项目的持续运行。如果已有的志愿服务组织可以成为该项目的负责主体，则无需孵化。如果项目没有长期持续运行的计划，属于短期项目，则需要结合周期长短、活动频次和社区实际考虑如何界定项目实施主体，是否需要培育孵化新组织。

（4）围绕团队发展过程，提供陪伴式服务

团队培育主体提供的培育支持伴随团队成长的整个过程，这个过程起始于"育种"，在团队培育主体的"陪伴式"支持服务下，这个"种子"开始"萌芽"，然后长成"小苗"，再长成为"小树"，最后成为一棵大树。

育种阶段。团队培育主体首先从挖掘志愿服务领袖和行动积极的志愿者开始，引领他们关注志愿服务事业，激发他们产生带领更多志愿者服务社会、服务他人的意愿和行动。在这个阶段，团队培育主体可积极通过紧密互动引导他们对志愿服务事业具备更专业、更系统、更全面的认知，与他们共同探讨团队发展的可能性以及未来服务的规划、发展策略等，借此和他们形成互信关系。

萌芽阶段。育种阶段完成后，志愿服务领袖和志愿者一起组成志愿服务小团体，彼此之间实现了初步的相互认同。在这个阶段，由于小团体还未发展成熟，存在较多的发展短板和认知盲区，所以团队培育主体应积极为团队提供"助理式"服务，和小团体形成一个整体团队，提供全方位支持，特别是在活动策划、资源对接和志愿者招募三个方面应予以重点支持，为后续形成牢固的互信关系打下坚实基础。

小苗阶段。当小团体组织形态基本稳定、可以简单运作组织内部的工作，并开始关注内部公共事务时，视为小苗阶段。此阶段，关键群体的人数可控制在 50 人以内。团队培育主体在这个阶段可以更清晰地明确自身的定位，尝试有意识地减少参与度，让团队有更多空间去自主、全面推动自身的发展。因此，团队培育主体可以重点关注团队的需求，做到常态化调研，积极有效地回应即可。

小树阶段。小团体的发展日趋成熟，并逐步走上专业化发展道路，在组织使命的驱动下从草根组织蜕变成为正式的专业社会组织，形成了较完备的自治理机制，视为小树阶段。在这个阶段，团队培育主体可以采用购买服务的方式进行培育扶持，同步鼓励团队突破社区地域限制，向外区域拓展延伸，继续推进组织的各项发展，最终把组织发展成为一棵"参天大树"。

（5）引导自益型组织转向发展

团队培育主体通过有效倡导、动员和支持社区自益型组织向志愿服务组织发展并参与志愿服务项目的开发、组织和实施。如引导社区书法班每年在春节前开展一次"爱心春联"志愿服务活动，由学雷锋志愿服务站提供基本材料，书法班撰写春联送给邻居。再如某社区志愿服务中心启动了"一个人的剧场"志愿服务项目，即针对社区文体团队和广场舞大妈，倡导和动员他们编排节目到孤寡老人家中开展慰问表演志愿服务活动。

3. 结合案例指引团队培育的理念和策略

（1）案例1：党员力量全覆盖

• 项目简介

某社区在各个楼栋成立"党小组"，向业委会派驻党的工作小组，向群文团队派驻党建联络员，将社区需要志愿者参与的各个空间划分出"党员责任片区"，让党员志愿者发挥先锋模范作用，"补位"而不"缺位"。

• 培育理念和策略

动员志愿者、孵化志愿服务组织可以先从党员队伍开始。同时要让居民看到党组织的"作为"，这是激发其他多元参与主体、居民成为志愿者的重要路径；

以楼组长为核心的楼栋自治机制较难满足楼栋自治诉求，楼栋自治功能建设需要专业支持和更多人参与，需要有组织或平台建设理念支撑。在楼栋组织体系中设置"党小组"可以让楼栋自治拥有更有效的抓手。

（2）案例2：社区新动力

· 项目简介

在街（镇）范围内由社区志愿服务中心重点针对社区单位、公益组织和学校等资源，整合志愿服务组织和项目并形成《志愿服务项目清单》，由社区向中心申请项目资源，同步向各个社区征集需求并形成《志愿服务需求清单》，由中心负责对接志愿服务组织认领。

· 培育理念和策略

在社区内，应建立能有效实现综合型公益慈善资源聚合和分配机制的项目载体。特别是在街（镇）范围内，社区单位、商户、学校、群团组织等重点资源，较多情况下还处于"原子化"或"隐匿"状态，主要原因是此类资源多属于"小微"资源，单体化状态较难融入社区或发挥明显作用。因此，必须使用整合思维，让每一个组织或者个体都有机会参与并发挥作用。

（3）案例3：人人公益日

· 项目简介

倡导人人公益，常态化征集志愿者、志愿服务团队、志愿服务项目和资源。每季度在社区开展一次活动，包括广场设摊、商户店内开展、其他户外志愿服务活动等形式。

· 培育理念和策略

在志愿文化氛围营造过程中应注重"参与意识"的激发。社区经常性举办的"便民服务日"活动，是较典型的服务型治理思维，在强化服务能效的同时，也可能培养了居民"等靠要"的意识，不利于团队的培育。"人人公益日"以倡导"人人都是志愿者"和"人人都可参与"为核心理念，加强志愿服务力量动员的作用。

社区要有定期的广场性志愿服务活动，为任何个人、小微组织参与志愿服务、成为志愿服务组织提供支持平台。

（4）案例4：旗袍沙龙志愿服务团队

• 项目简介

旗袍沙龙团队原为一支社区兴趣类自组织，在社区志愿服务中心的支持和引导下，广泛参与社区志愿服务项目，如今已经变成了有口碑的志愿服务组织。

• 培育理念和策略

与自益性组织建立常态化联系机制，如组织文体团队负责人共同发起一个沙龙活动或成立一个新组织，如"文体俱乐部"等，发展亲密合作关系。

社区可以从"专业孵化"视角出发建立专门的公益支持平台，如"志愿服务组织孵化中心"等，自主承担或引入专业社会组织共同承担。

（5）案例5：孝亲公益

• 项目简介

项目由多个志愿服务微项目组成。项目组织者主要通过义卖、爱心单位动员等方式为"孝亲公益微项目"筹集资源，如使用义卖资金购买扦脚服务、上门理发服务、家政服务等，或用于购买志愿服务活动中所需的物资。项目团队通过走访社区商户，联合社区党群服务中心、社区文化中心、社会组织服务中心等条线职能部门或单位针对党组织、群文团队、社会组织等广泛征集"孝亲公益"微志愿服务项目，并努力按照"一团队一项目"的原则进行对接动员，如一理发店每月定期上门为10名孤寡老人免费理发，一党组织每年为结对社区开展一次老年趣味运动会等。

·培育理念和策略

很多志愿服务项目需要小微物资进行支持，不可能所有的项目都由政府或居委会支撑。因此，志愿服务组织孵化主体需要在"支持性物资筹集"上有所作为，以支持更多的小微志愿服务组织开展项目，形成志愿服务项目的"造血"机制。

（6）案例6：爱心小屋

·项目简介

某志愿者服务基地在基地内部为大病手术儿童启动了"爱心小屋"志愿服务平台项目，需要招募志愿者到"爱心小屋"为孩子每周一次提供陪伴服务。项目启动之初，基地在中心的支持下招募了50多名志愿者，基地负责人将这50多人分成10个小组，每个小组轮流在爱心小屋开展服务。活动启动后，基地负责人每周需提前联系每个小组成员进行确认，但会经常碰到志愿者请假、或因志愿者个人原因退出服务的情况。基地负责人在组织发动、人员调配和志愿者招募补充上花了较大精力，仍难以为继。后来，基地调整志愿者管理策略，重点发展周边社区单位志愿者，如党组织、企业等，引导每个单位机构自行组织志愿服务团队，明确负责人，自行安排内部分组及服务次数，自行管理志愿者退出和新增人员。对于后来主动联系基地希望参与的单位和个人，基地会引导其加入已有团队或自行组织团队参与，基地不再直接联系个人志愿者，这样的管理方式取得了良好的效果，项目的可持续性有了可靠的保障。

·培育理念和策略

培育志愿服务总队，总队只接收和培育团队型志愿者，如有个人志愿者报名，也将个人匹配到志愿服务子团队中，由子团队负责人负责管理，总队专注联系和支持各个子团队负责人，总队在日常管理中不直接联系志愿者，而是遵循"共治自治"原则，即整个项目和志愿者激励机制由总队负责人和各个子团队负责人实现"共治"，子团队由各负责人引领实现"自治"。

（7）案例7：美好生活公益讲师团

• 项目简介

整合社区内可以提供培训服务的志愿者师资资源，培育"美好生活公益讲师团"，编制形成《美好生活公益课程清单》，根据志愿者意愿在社区开展公益培训服务。

• 培育理念和策略

培训是社区常态化活动形式，但仅仅以讲座方式开展培训较难满足不同群体多元需求。社区一般都有可以提供培训服务的能人达人，其类型也是比较多元的，应考虑将他们吸引至培训类项目中来。对标"美好生活公益讲师团"培育项目，丰富课程内容，拓展培训形式，如戏曲表演、艺术鉴赏、手工制作等方式，提升文化内涵，增强培训对于志愿者的吸引力。

（8）案例8：爱心编织队

• 项目简介

某社区成立爱心编织队，接收毛线捐赠和外部小区志愿者加盟。团队成立之初就把服务范围定为全国，不局限于社区。团队长期为贫困地区的老人、孩子捐赠由志愿者编织的毛衣、帽子手套和围巾等，数量庞大，得到了社会的广泛赞誉。团队在专属活动室内悬挂了一张"爱心路线图"，记录着这支团队在全国范围内多年捐赠的目标地点和数量。团队对志愿服务资源和志愿者的吸引力和号召力要远远高于其他团队。

• 培育理念和策略

培育一个优质的志愿服务项目对于社区文化氛围的营造至关重要，会带来较强的引领和示范带动作用，因此团队培育的重点不在于"多"，而在于"精""深"，在于对社区居民有较深的感召力。

（9）案例9：志愿服务岗

・项目简介

整合社区内公益场所资源如社区活动室、养老院、社区医院、日托站等，全面梳理每个场所志愿服务需求，明确志愿服务岗位，岗位信息包括服务时间、服务对象、服务人数、服务事项、专业需求说明、培训说明、现场负责人、备注等。

・培育理念和策略

这是主动服务志愿者的一种有效实践，力求为志愿者、志愿服务团队精准高效匹配志愿服务项目或活动，这也是动员潜在志愿者（团队）的一种有效载体。

（10）案例10：社区互助会

・项目简介

某社区成立"社区互助会"，在社区互助会的持续推动下，社区俱乐部广泛成立，社区多个常态化志愿服务项目逐步形成，如明志书屋、彩虹跳蚤市场、社区夜校等。社区社会资本越来越丰富，志愿者及团队数量较多。

・培育理念和策略

从社区志愿服务文化氛围总体营造的角度，需构建志愿服务组织和志愿服务项目孵化的系统性、可持续性发展路径，摒弃"哪里缺志愿者就要在哪里补充招募志愿者"的"打补丁"思维。

团队培育可以先从兴趣类社区自组织培育开始，在建立强关系、获得认同感及归属感的基础之上通过有效倡导，进一步培育志愿者和志愿服务组织。

4.对培育青年类志愿服务组织的三点思考

（1）青年组织往往因兴趣和爱好而聚

志愿服务会不会是部分青年的爱好之一呢？比如足球、组团旅游等都可能成为志同道合的青年人参与志愿服务的一个契机和起点。

我们在现实中常观察到很多青年白领利用午休的时间到附近参与志愿服务，还有上海有较多的青年助学志愿者，他们在不同的组织平台中参与贫困山区的助学服务，我们也看到家长带着孩子一起践行公益的现象越来越多。因此，团队培育主体可以从"如何把志愿服务项目的设计做成社区青年的兴趣选择之一"这个角度入手进行思考和探索。

（2）运行良好的青年自组织，其带头人大多是邻居

小区青年居民成功动员邻居参与自组织主要是基于两个原因，一是相对紧密的关系，二是带头人有个人魅力，且综合素养能够得到大部分青年的认可。因此，团队培育主体围绕青年动员需重点考量两个问题，一是通过自己还是靠挖掘社区青年能人去和更多社区青年建立联系，谁更适合？二是如果是社区志愿服务中心和志愿服务站指定负责人去倡导动员，这个负责人该有怎样的能力？如果没有与青年人相匹配的素养和能力，是很难让青年人产生认同感的，培育青年志愿服务组织较难成功。

（3）孩子是牵引青年家长的主要因素，特别是对于妈妈群体

关注孩子的成长是青年家长的重要聚焦主题，社区对于孩子的成长来说是一个未待开发的"肥沃土壤"，比如提供便利的学习活动空间、增进小伙伴的感情交流、降低家长的陪伴成本等。另外，政府目前推进建设的家门口公共空间，为社区融合提供了更多更好的支持阵地。因此，团队培育主体应认真研究怎么通过凝聚孩子而逐步把家长们凝聚起来并成功促进他们参与志愿服务的方式方法。

七、指导监督功能

（一）核心目标

1. 建立街（镇）社区志愿服务中心、居（村）志愿服务站二级志愿服务网络。学雷锋志愿服务站在居民区覆盖率达 100%。

2. 社区志愿服务中心、学雷锋志愿服务站、志愿者服务基地建立相匹配的组织架构、工作制度、运作流程并上墙公示。

3. 社区志愿服务中心为区域内学雷锋志愿服务站、志愿者服务基地、志愿服务组织或团队提供日常咨询和指导，并对项目运作和活动开展情况等进行过程监管和成效评估。

（二）常见问题

1. 诊断机制有待完善

诊断机制是指导监督工作机制中的重要组成部分，其重要性在于对工作中诸多的问题、短板或盲区进行梳理后，对于产生问题的根源经过系统的反思和总结后，形成诊断报告，并在诊断报告中针对问题提出有效的建设或指导方案，促进工作能效的整体提质增效。诊断工作专业而系统，需要专业人员才能实现，而专业力量缺失是缺乏诊断机制的重要原因。

2. 经验总结水平不高

学雷锋志愿服务站、志愿服务基地和志愿服务组织等指导监督对象对同类主体的做法及成效比较关注，且多数具有潜在的"竞争赶超意识"。一般情况下，社区志愿服务中心也会对好的做法加以梳理和总结，但总结的专业度和实务指导能效还有较大的提升空间，无法形成可复制的规范做法和工具型知识点。

（三）对策指引

1. 制定评价指标体系，完善监督流程

社区志愿服务中心在日常运行过程中主要以《上海市社区志愿服务中心功能优化评估标准》为参照依据推进社区志愿服务整体工作。中心应以这个评估标准为总纲，细化分解任务目标，并结合社区实际发展需要，将学雷锋志愿服务站和志愿者服务基地的工作能效建设统筹考虑，制定并形成具有区域特色的评估指标体系。如果区级志愿服务指导中心制定出台了关于学雷锋志愿服务站、志愿者

服务基地的相关政策标准，中心可以对标实施。

2. 健全督导机制，履行监督职能

社区志愿服务中心可以自建或委托第三方社会组织成立督导小组，构建工作督导机制，针对学雷锋志愿服务站、志愿者服务基地和志愿服务组织开展指导监督工作。指导监督的内容主要涵盖"日常指导、重点项目成效评价、工作成效定期诊断、满意度测评和经验总结分享"五个方面的内容：

（1）日常指导

建立针对学雷锋志愿服务站、志愿者服务基地和志愿服务组织的常态化问题调研机制，形成问题清单，以问题为导向进行常态化指导。

（2）重点项目成效评价

针对由社区志愿服务中心和志愿服务站共同认定的重点项目，中心组成督导小组通过参与活动、观看活动直播等督导形式对项目成效进行评价，形成评价报告。

（3）工作成效定期诊断

由社区志愿服务中心成立督导小组结合相关工作要求定期对学雷锋志愿服务站整体工作成效进行综合诊断，并形成诊断报告，诊断报告中应提供建议性解决方案。

（4）满意度测评

社区志愿服务中心可针对学雷锋志愿服务站、志愿服务基地每年安排一次满意度测评并形成测评报告，调查对象包括志愿服务组织、志愿者和服务对象等。

（5）经验总结分享

社区志愿服务中心应重点挖掘本区域或其他区域相关典型或优质案例，持续总结学雷锋志愿服务站、志愿者服务基地和志愿服务组织的工作经验，形成以志愿服务工作法成果汇编手册作为指导的实用工具和参考知识。工作法既可以对"成功案例"进行总结，也可以对"失败案例"进行总结。工作法的研究和总结应重点强化"分类指导"功能，注重对不同类型的居民区、志愿服务基地和志愿服务组织具有符合其自身特质的实务指导效能的经验提炼。

3. 创新监督体系，让志愿者成为主要监督主体之一

社区志愿服务中心指导监督的工作目标最终指向促进学雷锋志愿服务站、志愿者服务基地和志愿服务组织等志愿者管理主体能够服务好志愿者、发展好志愿者，最终实现"人人都是志愿者"的美好愿景。需要注意的是，志愿者不同于普通社区居民，很多居民对社区情况不了解，评价社区管理主体可能有失偏颇，但志愿者很熟悉自身所属的志愿服务组织和志愿者管理主体，熟悉程度远高于政府部门和社区志愿服务中心。因此志愿者理应被纳入到指导监督体系里来。

（1）制定和推行志愿者参与监督制度

社区志愿服务中心重点针对学雷锋志愿服务站制定志愿者参与监督制度，具体实施路径包括在志愿者群体中普及志愿服务站评价规范、定期（如每半年）由社区志愿服务中心在每个志愿服务站组织一次志愿者现场评议会、引导志愿者根据评价规范畅谈志愿服务站的成效、问题、改进和发展建议等。

（2）推动志愿者从监督者向指导者进阶

专业人才的缺乏是居民区志愿服务工作的核心短板，目前以老年群体为志愿服务主要力量的情况较为普遍，专业化建设有一定瓶颈。"志愿者能来参与就不错了"，这是居民区管理主体的普遍认知，也体现了他们缺乏对专业化发展志愿服务事业的追求。推行以志愿者为监督主体的监督模式，可以形成倒逼居民区管理主体自主提升专业水准的机制，更重要的是志愿者作为监督主体，在和社区志愿服务中心持续互动的过程中，自身的专业性、对志愿服务工作的总体认知水平都会得到明显的改善，从而促进学雷锋志愿者逐步向专业化志愿者进阶，使其具备一定日常参与指导的能力。

八、激励保障功能

（一）核心目标

1. 建立志愿者激励回馈制度，定期评选表彰优秀志愿者，注重精神激励，整合区域资源，给予表现突出的志愿者一定的优先、优待或优惠服务，提升志愿者的自身荣誉感和社会美誉度。

2. 贯彻落实《上海市志愿服务条例》精神，积极维护志愿者合法权益，关怀和帮助生活困难的志愿者。

3. 在组织开展志愿服务过程中，尊重志愿者本人的意愿，根据其时间、能力等条件，安排从事相应的志愿服务活动，并为其提供相关的信息和安全、卫生等必要的条件或者保障。

（二）常见问题

1. 系统性激励制度的有效性相对缺乏

激励褒奖制度是保障志愿服务工作可持续发展的根基，需要系统性规划和设计。具体工作中，激励实施主体如果缺乏对志愿服务组织和志愿者的科学评价机制以及激励资源不足，往往难以制定出系统性的激励制度，常产生激励对象范围过小、激励制度不科学及难以服众等问题。

2. 激励措施的及时性不足

各激励实施主体应重视对志愿服务组织或志愿者在"服务现场"实施激励措施的研究，并把这个研究作为一个重要课题。思考在"服务现场"，志愿者经历什么、看到什么、听到什么、感受到什么和得到什么，如果实施及时有效的"服务现场"激励措施，能激发志愿者对一次亲身参与的志愿服务产生更强的认同感、获得感和持续参与的意愿。

3. 对激励政策的认知存在片面性

激励实施主体如果较看重物资型奖励资源，并认为志愿者也较看重此类激励，容易形成一种惯性思维，即如果没有物资类奖励，志愿者的激励政策和成效是很难建立产生的，志愿者激励工作也与志愿服务活动的志愿文化弘扬背道而驰。而真正有效的激励方式是充分挖掘"奉献、友善、互助、进步"的志愿服务活动的价值内涵和文化意蕴，从活动需求满足上激励志愿者，提升志愿者美誉度和荣誉感。

（三）对策指引

激励保障是构建志愿者动力机制的核心内容，设计激励保障制度时要充分了解在面对不同的场域、场景、人群、项目和团队时应做精准化设计，而非实施简单粗暴的普适性设计。要实现精准化激励制度设计，需要各激励实施主体持续而充分研究志愿服务组织和志愿者的行为动机和需求，这是一项极具挑战性的重要工作。

1. 激励保障制度设计指引

完善的激励保障制度一般包含"即刻有效激励"和"周期性有效激励"两项目标功能，即激励实施主体在设计激励保障制度时，既要考虑制度所含内容能够在志愿者投入志愿服务行为的过程中能够受到激励，也要考虑志愿者在参与志愿服务前后的一定周期内，激励作用是持续发生的。例如，某志愿服务站会在每年小区春晚活动现场对小区志愿者进行表彰，第一次表彰活动举办后，服务站明显感受到了表彰活动取得的良好激励效果，在接下来的一年内，志愿者的参与动力明显增强。但表彰活动坚持几年下来，服务站感受到每次激励对象人群无明显变化，而且有逐年减少的趋势，激励效果也在不断减弱。服务站在总结经验的基础上，重新增补了多项激励制度，包括组织志愿者定期组团关怀困难志愿者的制度；在志愿者服务的同时同步开展一项或多项为志愿者提供志愿服务的制度；

现场在小区微信群内发送志愿服务活动照片引导居民在群内点赞的制度等。实施一段时间后，激励效果明显增强，志愿者人数有所增加。

激励实施主体在具体设计激励保障制度时，可以统筹"场域、场景、人群、项目和团队"五个要素综合考量精准化设计的方式方法，具体可参考设计导引表10：

表10：激励保障制度设计导引

要素	细分内容	设计指引
场域	活动空间	对于室内空间（含楼栋公共空间），可在志愿者经过的和用于活动的空间部分通过电子屏、宣传品、展板等营造氛围，宣传内容要和即时活动相关。
		对于不同类型的室外活动空间，如社区广场、社区花园、健身点等，可以通过宣传品，设置固定的且便于更换宣传内容的宣传载体营造氛围。
		室内或室外空间可以使用标牌标识志愿服务团队服务责任区域。
		可组织志愿者以共创模式对室内和室外活动空间进行志愿服务阵地化布置和命名。
	展示宣传空间	线下线上志愿服务团队展示阵地。
		线下线上志愿者风采展示阵地。
		线下线上志愿服务项目展示阵地。
		线下线上志愿服务激励制度展示阵地，如志愿服务积分兑换制度等。
		在居民区内每年有1次或多次通过利用小区内橱窗、楼栋、宣传墙、微信群等多元宣传载体集中宣传一项或多项品牌项目来营造志愿服务文化氛围，如在年底举办志愿者表彰会之前,引导居民参与"为志愿者点赞"线上活动。
		在街（镇）区域内，可将多元展示宣传空间用于志愿服务组织开展文创活动,形成志愿文化共创机制，共同改善社区文化环境。

要素	细分内容	设计指引
	微信群	组建志愿服务组织负责人或志愿者微信群，实现志愿服务信息共享和实时传播。
		建立通过志愿者在居民微信群中共享和传播志愿服务信息的制度。
场景	活动现场	通过优化服务流程设计和强化现场管理措施，让志愿者深刻体会到服务的规范、有序和用心。
		使用设计规范志愿服务记录手册进行现场登记，手册中有志愿者现场签名环节。
		将现场拍照或录制视频所得的素材在由志愿者和居民组成的微信群中进行即时传播，引导群员评价或点赞。
		活动结束后，组织志愿者拍集体纪念照，用于制作微信、纪念宣传品等。拍照时，组织方可制作一些倡导性、有激励价值的宣传品渲染友好气氛。
		活动中积极发现志愿者的参与成效，如垃圾变少、规范遛宠物的人变多、服务对象加入志愿者队伍等，通过现场分享这些成果让志愿者有获得感。
		穿着统一志愿者服装或佩戴统一标识，营造志愿服务氛围。对于小小志愿者，可专门定制儿童专属服装，通过激励儿童激励成人志愿者。
	讨论/分享会	建立志愿服务组织、志愿者定期经验分享会，并充分了解问题和需求。
		定期如每月、每季度围绕具体议题开展讨论会，重视发挥志愿者的智慧。议题的选择应尽量和参与者相关，如"如何策划一场令志愿者印象深刻的12·5国际志愿者日主题活动"等。
		建立品牌项目共创机制，如成立某品牌项目共创小组，让志愿者成为品牌项目的"创始人"。
		每年为优秀志愿服务组织、志愿者提供一次政府主办的大型主题分享会。

要素	细分内容	设计指引
	表彰会	每年开展一次表彰会。
		利用"三·五"学雷锋日、12·5 国际志愿者日、志愿者新春联欢会等主题活动平台设置志愿者专属表彰环节。
	外出参访交流	组织志愿者到其他社区志愿服务中心、学雷锋志愿服务站、志愿者服务基地或相关社会组织参访交流学习。
	培训会	建立志愿者培训制度。
	团建活动	组织志愿者负责人或优秀志愿者团队开展团建活动。
人群	困难志愿者	依托志愿者资源，建立困难志愿者关爱制度，增强志愿者信心。
	老年志愿者	注重细致的安全提醒设计；设计和定期开展健康关爱主题服务活动；开展志愿服务积分兑换服务，兑换标的内容以符合老人群体需求特征的免费服务项目为主。
	中青年志愿者	为中青年家长子女的社会实践提供优质服务平台；开展亲子类社区融合活动；开展志愿服务积分兑换服务，兑换标的内容以符合中青年群体需求特征的免费服务项目为主。
	青少年志愿者	向青少年提供志愿服务专属服装；制作青少年个人专属社区成长手册；制定勋章、公益币等累积制度，通过兑换书本或设计在社区跳蚤市场可用于购买部分闲置物品的制度进行激励。
	全职妈妈	设计并定期开展全职妈妈专属活动，如"妈妈的下午茶"活动；为妈妈们组织定期的亲子小活动提供周到支持和服务。
	学生志愿者	制定社校共建制度，可包括志愿服务信息向学校反馈、在校内开展表彰活动等。
项目	积分兑换项目	制定志愿服务积分兑换制度，重点开发志愿服务兑换标的内容。

要素	细分内容	设计指引
	激励型项目	设计和开展志愿者专属活动项目，如志愿者新春联欢会、志愿者运动会、志愿者团建活动等。
团队	党组织	向党组织定期反馈志愿服务总结类信息。
	企业团队	向企业定期反馈志愿服务总结类信息；为企业参与志愿服务提供策划支持服务；为企业通过志愿服务提升企业文化水平提供咨询和支持服务。
	街（镇）层面志愿服务组织	建立街（镇）级评优机制；建立常态化需求和问题调研机制，强化回应和服务能力。
	小区层面志愿服务组织	建立评优机制；强化宣传阵地建设；建立常态化需求和问题调研机制，强化回应和服务能力。
	参与较少的自益型组织	注重项目设计和参与路径研究，以符合组织的需求；重视与组织负责人建立良好关系，注重引导负责人多融入志愿者群体，通过负责人身份和意识的转变激励其团队改变。

2. 激励举措参考

激励实施主体在日常工作中应通过深度调研、引入智库、经常性合作讨论和研究等方式，形成并逐步完善激励制度的顶层设计。在实施激励的过程中，各激励实施主体也应建立对激励成效的常态化评估体系，注重收集志愿者的评价反馈信息，注重分析不同激励措施的绩效差异，注重坚持实施被证明有效的激励计划。

（1）建立评优制度

制定诸如"年度优秀志愿者团队""十大社区优秀志愿者"等类型的志愿者评优制度。

（2）建立志愿者专属媒体平台

依托已有平台或通过自创，建立志愿者专属媒体平台，平台内容应多元化，可包括人物特写、事迹报道、服务资讯、活动资讯、才艺园地、志愿者招募、项目宣传等信息。

（3）开展志愿者相关专属活动

可多组织增强志愿者获得感的专属活动，如志愿者新春联欢会、志愿者健康关爱日活动、高龄志愿者关爱慰问活动等。

（4）回馈志愿者"专享权"

可以为志愿者量身定做一套专享的服务。例如，可以为志愿者设定一套独立的"培训＋团建＋互助"服务计划，也可以将"专享权"辐射到整个社区的常规服务中，即在社区常规服务中增加志愿者专享的内容。

（5）回馈志愿者"优先权"

让志愿者及其家庭享有各项社区服务的优先报名权。这种"优先权"可以考虑以积分形式兑换，类同于志愿服务"时间银行"。

（6）关注志愿者个人成长

为志愿者设计一条"普通志愿者—骨干志愿者—领袖志愿者"的进阶之路。普通志愿者更多地从事简单的志愿服务，骨干志愿者可以从事有难度的志愿服务，领袖志愿者则可以拥有对志愿者团队的管理权和活动的策划权。

（7）建立定期总结制度

可每月邀请领袖志愿者和骨干志愿者一起总结当月的志愿服务工作。通过分析和总结当月的工作，设计与调整下个月将要开展的志愿服务活动，能够将志愿者的主观能动性充分调动起来。

（8）建立分享平台

可以组织、推动新老志愿者围绕志愿服务知识、技能、态度进行分享，使志愿者的精神、经验和技能得到传承。

（9）创造展示平台

定期将一定阶段的志愿服务成果收集提炼出来，以图、文、视频等方式加以展示，是留住志愿者的有利手段。

3. 维护志愿者合法权益

志愿者的基本权益主要包括：

（1）选择权。即志愿者参与志愿服务活动有选择权。志愿者可以参与志愿服务组织开展的志愿服务活动，也可以自行依法开展志愿服务活动。

（2）知情权。即志愿者对志愿服务活动信息有知情权。志愿服务组织在招募志愿者时应当说明与志愿服务有关的真实、准确、完整的信息以及在志愿服务过程中可能发生的风险。

（3）受培训权。志愿服务组织安排志愿者参与的志愿服务活动需要专门知识、技能的，应当对志愿者开展相关培训。

（4）安全保障权。志愿服务组织安排志愿者参与可能发生人身危险的志愿服务活动前，应当为志愿者购买相应的人身意外伤害保险。

（5）人格尊严及个人信息受保护权。志愿服务组织、志愿服务对象应当尊重志愿者人格尊严；未经志愿者本人同意，不得公开或者泄露其有关信息。

（6）开具志愿服务证明权。志愿者需要志愿服务记录证明的，志愿服务组织应当依据志愿服务记录无偿、如实出具。

4. 激励机制建设

各激励实施主体在志愿服务项目的整个运行过程中应建立包含三个方面激励性目标的激励机制：

（1）让参与项目的每一个组织充分认可激励实施主体的支持服务能力。

（2）在激励实施主体引领各方参与组织的共同参与下，各参与组织感受到志愿服务活动管理有效、规范。

（3）参与活动的各志愿者均有获得感，如自我受益、服务对象高度认同、社区治理状况改善、志愿者明显增多、共同体特征越发明显等。

九、文化建设功能

（一）核心目标

1. 倡导"奉献、友爱、互助、进步"的志愿精神，在组织开展志愿服务中坚持不以获取报酬为目的的公益原则，为志愿者施展才华、提升自己、带动他人积极创造条件。

2. 大力宣传先进典型，以志愿者的优秀事迹感召更多市民群众见贤思齐，积极加入志愿者队伍。

3. 营造志愿文化氛围，结合本社区人文特点，展现社区志愿服务发展的蓬勃态势和志愿者的良好精神风貌。

（二）常见问题

1. 对文化建设重要性的认识不到位

文化建设对志愿服务事业发展具有不可替代的推动和支撑作用，是志愿服务事业的"魂"，也如同"一支看不见的手"，正是因为它"无形"，天然缺少"展示度"，导致对其重视程度相对较弱。另一方面，文化建设是一个专业度强，对实施管理者综合素养要求较高的工作领域，若要强化和提升对其总体认知的能力需要志愿服务工作者不断加强自身学习，需要引入专业组织和人才介入指导，也需要各级政府层面加强重视、注重资金资源的支持投入。

2. 对居民区文化建设的指导不到位

志愿者在社区治理体系中的重要性日趋凸显，尤其是在居民区党建、居民区自治共治、垃圾分类可持续推动、业委会治理等社区工作领域中成为了核心资源，因此，在志愿服务站所属的居民区加强文化建设工作就显得十分迫切而重要。因此，社区志愿服务中心应重视通过自身或引入专业组织加强对各居民区文化建设的分类指导功能，深入社区实地，和学雷锋志愿服务站一起因地制宜地制定和实施文化建设策略，着重支持居民区强化志愿服务工作的长效化建设能效。

（三）对策指引

1. 营造志愿文化氛围的三种参考模式

志愿文化氛围营造主要通过聚焦"宣传引导"和"项目品牌建设"两条主线，以"强化示范引领""提升项目品牌"和"创新宣传方式"为主要模式，全面营造社区志愿文化氛围，激发全民持续参与志愿服务的意愿和热情。

（1）强化示范引领

宣传典型。社区志愿服务中心依托媒体资源，在街（镇）层面充分挖掘宣传典型，包括志愿服务组织、志愿者服务基地、志愿服务站、志愿者、企业"共享空间"、志愿服务项目等，开展广泛宣传。

激励先进。社区志愿服务中心依托指导监督产生的成果数据，通过建立先进表彰制度、资源优先供给、资金优先扶持三种机制对先进团体和个人实施激励：

建立先进表彰制度。中心结合实际，可分别针对志愿服务站、志愿者服务基地、志愿服务组织、志愿者、志愿服务项目建立评优制度。

资源优先供给。中心可建立优先向先进志愿服务站、志愿者服务基地和志愿服务组织提供支持型资源的制度。

资金优先扶持。中心可建立优先向先进志愿服务站、志愿者服务基地和志愿服务组织提供创投资金的制度。

总结示范样本。社区志愿服务中心以"示范型"创建工作为导向，针对志愿服务站、志愿者服务基地、志愿服务组织、志愿者、企业"共享空间"、志愿服务项目等总结示范样本，强化示范引领功能。

（2）提升项目品牌

项目品牌本身就是志愿文化，因此社区志愿服务中心应不断通过强化项目能效建设、扩大宣传，提升项目品牌效应。

（3）创新宣传方式

宣传载体平台创新。社区志愿服务中心通过对各类居民关注度高的物品或媒介进行充分研判，如绘本、快递包裹、结婚证、微信平台、公共空间等宣传志愿者典型事迹，创新宣传载体和形式。

依托名人带动效应。社区志愿服务中心应积极动员、引导名人参与志愿服务，利用名人效应提升志愿服务影响力。

志愿文化共营。社区志愿服务中心通过联合各类宣传引导载体，强化跨界整合思维，实现志愿文化共营。如联合文创企业共创有机嵌入志愿文化的文创产品等。

2. 结合案例指引文化建设的理念和策略

（1）案例1："一勺米"计划

• 项目简介

以"你好，邻居"宣传主题，以期打破邻里之间的陌生关系。志愿服务团队首先在居民区内对项目进行广泛宣传，然后分成若干小组挨家挨户敲门募集大米，小组成员由成人或成人与儿童组成。志愿服务团队成功募得大米后，将大米包装成爱心包裹捐赠给孤寡贫困家庭，或举办"百家粥"活动，邀请邻居一起品尝。

• 文化建设的理念和策略

项目名称和宣传主题是传播的核心内容，应精心设计，要做到易传播、容易使人产生共鸣并快速记住。案例中，"一勺米"包含人人或家家便于参与的理念，"你好，邻居"宣传主题被用于志愿者敲门的开场白，有利于增强文化植入感；每家都能捐一勺米，倡导每家每户都能成为文化建设的参与者，促进了文化发展共同体的建构；"一勺米"对于居民的参与成本而言是极小的，但项目成果让居民感受到了"一勺米"的较大价值，有助于项目持续发展。

（2）案例 2：一个观众的剧场

·项目简介

组织文体爱好者、特别是动员广场舞大妈组建志愿服务团队，团队成员穿着表演服饰、自配乐器，到孤老家庭或院落为弱势群体表演节目，传播友善。

·文化建设的理念和策略

每一个人或家庭都能成为文化建设的参与者甚至推动者，我们日常常见的广场舞大妈也不例外，关键是要研究和设计适合每一个人或群体发挥价值和作用的项目平台。

（3）案例 3："美丽楼道"评比

·项目简介

开展"选出你心中最美的楼道"评比活动，其中对"美丽楼道"设定一定的标准，如无楼道堆物、楼道布置美观合理、自治行动有计划并公示等。居委会把社区儿童作为评比主体，在暑期以"夏令营"的方式组织开展"小小巡访团·探究最美楼道"主题志愿活动。

·文化建设的理念和策略

目前普遍认同的"小手牵大手"关系链接理念，一方面是希望通过孩子将家长特别是青年人吸引出家门参与社区公共事务，更重要的是这是一种能够将社区理念植入家庭的有效路径，推动孩子成为促进家庭成员改变观念、继而融入社区建设的主体力量。

（4）案例 4：未来社区学习中心

·项目简介

未来社区学习中心将目前全球教育系统高度认可的 PBL（项目制学习）学习方法推行到了社区，让儿童在真实的社会环境中学习，与学校学科知识学习结合，优化和升级他们的"学习系统"。中心组建共同学习社群，通过招募家长并根据家长的职业方向成立不同的领域小组，包括自然、食育、社区、公共服务、商业金融、城市等。中心和家长共同将每一次探究课程打磨成"观摩、思考、设计、实践和分享"循环学习模式，促进孩子在"学会学习、自我管理、审辩思维、创新与创造、团队协作、沟通表达"等方面均衡提升。

• 文化建设的理念和策略

学龄儿童的社区实践越来越受到教育系统的普遍重视，也是家长的"刚需"，家长志愿者群体是推动社区实践高质量落地的核心力量。社区文化建设者应重视这个课题，积极实践，在保障社区实践探究课程质量的前提下，能极大的推动社区互助精神、社区高质量融合以及认同感和归属感的生成、发展。

（5）案例5："人人公益"项目

• 项目简介

"人人公益"项目主要由"人人公益市集"和"人人公益日"主题活动两部分组成，其中"人人公益市集"每月举办一次，在广场或室内设置摊位，整合志愿服务团队和志愿服务项目开展。"人人公益日"主题活动每年集中三天举办一次，活动内容主要包括三个部分，一是宣传人人公益的理念；二是举办丰富多彩的广场活动；三是在社区商户经营场所内、公共空间内、楼道内设置公益项目，营造人人参与的氛围。

• 文化建设的理念和策略

项目是文化建设的主要载体，因此要经常让更多居民能"看得到"项目，这样社区文化理念扎根才有可能，因此设计"每月举办一次规模适中、每年集中几天举办一次规模较大内容更丰富"的项目建设体系是一种有效策略。

项目设计不能只强调"服务"，应重在引导"全民参与"，设计引导参与的理念和路径，这样才能让居民有真切感受，促进其转变"旁观者"的角色。从这个角度看，"人人公益"项目理念要优于"便民服务日"。

（6）案例6：居委会办公空间改造

很多村（居）委在"办公空间最小化，服务空间最大化"的政策驱动下，通过设计更新，增加了更多居民可以活动、休闲休憩的开放式空间，居民和村（居）委的距离更近了，而村（居）委也将办公和服务沉浸至居民日常生活场景之中，更好地实践"零距离"服务理念。

• 文化建设的理念和策略

志愿文化建设不适宜原子化、割裂式的推动实施，需要嵌入至社区文化系统建设的框架内。因此，村（居）委作为社区文化建设的主体，应有文化建设的系统性规划布局，注重对社区整体满意度和感受度的提升，这是培育志愿者群体、营造志愿文化的前提条件。

（7）案例7：祥和人爱公益

• 项目简介

祥和社区将"祥和人爱公益"作为社区文化营造的主题，为了将文化理念深入人心，祥和社区支持环保志愿服务队将由志愿者制作的环保酵素打造成文创产品，并将产品以"祥和人爱公益"为设计包装主题，通过赠送、褒奖激励的方式送给居民。另外，社区每月举办一次"祥和人爱公益"主题活动、每年举办一次"祥和人公益活动周"。除此之外，社区通过挖掘和拓展宣传载体，让"祥和人爱公益"的宣传理念以彩绘墙、装饰牌、志愿者专用服饰等多元方式呈现。社区目前正在考虑如何设计一些简单的居民可参与的行为或动作，引导居民践行公益理念。

• 文化建设的理念和策略

"设计教育居民"的理念是文化建设的重要路径，让文化理念植入具象和高质量的设计中、让设计创造出和居民产生链接或互动关系的场景，让居民不再是"偶尔感知到或偶尔认同"，而是促进居民的习惯性思维和意识的养成。

（8）案例8：公共空间建设更新

• 项目简介

公共空间建设更新已经成为各级政府推动社会治理体系和治理能力现代化发展的重要举措，公共空间对于社区融合、睦邻关系建设、提升全人群服务能级具有重要的价值。公共空间的功能设计非常多元，如社区影院、社区书屋、共享厨房、社区天文馆、恋爱博物馆等。

• 文化建设的理念和策略

社区公共空间的形态类型很多，包括室内活动空间、室外广场等，也包括通过动员企业、社区商户而形成的"共享空间"。公共空间是融合居民的主要阵地，也是志愿者开展活动的主要场所，因此志愿文化氛围的营造如何结合现有公共空间更新的政策及行动是文化建设者需要重视和破题的。

案例借鉴篇

案例借鉴篇

　　上海市文明办自 2017 年开始每年开展贯穿全年的"创新、创优"上海市社区志愿服务示范中心创建评选活动，鼓励全市各社区志愿服务中心围绕"制度创新""品牌创新""管理创优"和"服务创优"四个创新类别要求，因地制宜开展示范中心创建工作。在此基础上，上海市文明办自 2018 年起同步围绕"褒奖激励、大数据库建设、条块联动、志愿文化推广"等主题开展试点项目创建活动。本篇章主要以案例形式展示和推介上海市社区志愿服务示范中心评选和试点项目创建的阶段性成果，为社区志愿服务中心提质增能提供借鉴和启示。

一、制度创新案例

　　制度创新具体是指：（一）在体制机制上突破创新，撬动社会力量，整合跨界资源，为推动社区志愿服务中心规范高效运作，形成区域志愿服务力量充分汇聚、各类资源要素良性互动的整体合力提供了有力保障；（二）在供需对接、项目孵化、资源整合、培训培育、指导监督、激励保障、文化建设等至少一方面建立了具有创新性的制度，成效显著，具有推广价值。

（一）供需对接制度创新

普陀区曹杨新村街道社区志愿服务中心

通过走访调研形成"社区志愿服务资源清单"和"社区民生问题需求清单"，每年以调研方式予以更新，并以项目化方式予以对接落实。共有34家区域单位与中心建立长期共建关系，每年联合开展30余项志愿服务。

试点项目："时光宝盒"

杨浦区延吉新村街道社区志愿服务中心

　　每半年开展 1 次调研，每季度邀请居民区书记、学雷锋志愿服务站站长、志愿者骨干等召开 1 次议事会，每月联系学雷锋志愿服务站 2 次以上，每季度走访 1 次以上。中心建立供需对接分类服务目录，定期发布各类志愿服务信息，招募志愿者。

重阳节敬老活动

长宁区虹桥街道社区志愿服务中心

通过问卷调查和党建服务中心的"双联需求通道"了解居民和楼宇白领的服务需求，排摸梳理社区各类资源与之匹配，形成了"居民区项目源－区域单位资源配置－社会组织专业设计－社区综合统筹"项目开发链，整合区域内的各种资源。

特色项目：文明修身之虹桥新时尚环保公益跑

青浦区华新镇社区志愿服务中心

依托"便民利民""文明交通""爱心助学"等"十五大志愿服务项目"推动供需对接，每月发布并开展交通文明志愿服务、"5+X"便民服务周、"健康天使"进社区等活动50余场，累计开展志愿服务项目600余个、志愿服务4万余人次。

"助力进博盛会，我为华新添彩"主题活动

普陀区宜川路街道社区志愿服务中心

与40家企事业单位共建，通过23个学雷锋志愿服务站收集居民需求，组织共建单位认领需求。2018年街道与共建单位共同开展了"爱在身边"为老服务、"人文行走"社区教育项目、"医务志愿"家门口的医生等10多个志愿服务项目。

"3·5"学雷锋日主题活动

（二）项目孵化制度创新

闵行区吴泾镇社区志愿服务中心

通过"1+1"孵化代管模式，即一个社会组织培育一个志愿服务团队，提升志愿服务团队能力。社区内所有的志愿服务项目，从前期调研、中期运作和后期评估，都在各类社会组织的专业化指导下进行。

垃圾分类环保活动

闵行区颛桥镇社区志愿服务中心

成立了以"颛心为你"为品牌的义演、义集、义诊等志愿者队伍，支持村（居）委组建了特色志愿服务团队。中心引入社会组织共同参与管理、服务全镇 53 支志愿服务团队开展针对民生需求、文明建设、社区自治等内容的志愿服务。

"颛"心为你 "义"满颛桥志愿服务活动

静安区南京西路街道社区志愿服务中心

在项目实施过程中，分别针对活动步骤、宣传策略和服务对象信息反馈等制定细化设计方案，保障项目实施流程的透明化和规范化，促进活动有序进行。同时，在活动后通过分析志愿服务组织、服务对象等各方反馈信息不断完善设计方案。

中心内景图

（三）资源整合制度创新

徐汇区徐家汇街道社区志愿服务中心

成立"徐家汇街道三联盟"，即社会责任联盟、道德责任联盟和服务责任联盟。目前已有成员单位150多家。坚持活动平台共建，60家单位合力举办"3·5公益兑换集市""5·4青春助力创全定向赛""亲子公益挑战赛"等。

区域白领青年参与"蓝雁行动"，宣传文明交通理念

徐汇区枫林街道社区志愿服务中心

成立了枫林社区志愿服务联盟，已有76家区域单位、共计1000多名"星空"志愿者，已形成"枫林科学会""青春圆梦爱洒枫林""健康枫林联盟""雷锋月月在枫林"等一批联盟品牌项目。中心创建了"枫林荟"，专为志愿者提供反哺服务。

2018年4月21日志愿星空·枫林社区志愿服务联盟正式成立

长宁区华阳街道社区志愿服务中心

与社会组织服务中心，中山公园商圈白领服务中心合署办公，打造"广范围、多领域、深层次"式志愿服务平台，充分整合社会组织社会资源和园区楼宇白领人才资源，吸引80多家两新组织、驻区单位、文明单位白领青年集聚中心，主动参与志愿服务、融入社区，共奉献；建立双向服务模式，一是志愿者服务，提供《华阳街道志愿服务项目认领表》，涵盖慈善公益、便民服务、文明先锋等五大领域；二是服务志愿者，提供《华阳街道回馈志愿服务需求清单》，内容涵盖文化教育、环保公益、兴趣爱好、心理健康等11大类。

白领青年志愿者参与社区志愿服务，随手公益，整治共享单车

闵行区颛桥镇社区志愿服务中心

以"颛爱益家"为主题，整合区域内 29 家单位，组建文明创建、公益志愿、文体活动等 6 个专委会，每季度组织一次 200 人以上规模的志愿服务活动。全镇五大片区针对性地签约社会组织，做到"周周做志愿、月月有公益、季季推服务"。

"3·5"学雷锋公益志愿服务主题活动

（四）培训培育制度创新

黄浦区五里桥街道社区志愿服务中心

制定了"项目招投标制度""培育孵化制度""社会组织与团队结对制度"，建立了"双带双促"机制，先后推进 32 家社会组织与辖区志愿者服务团队进行结对，并在社会组织的引领带动下，扶持 4 个社区志愿服务团队申请注册成为社会组织。

益＋公益阳光花店志愿服务活动

杨浦区延吉新村街道社区志愿服务中心

制定《注册志愿者与志愿者团队管理办法》，在注册、招募、服务、管理、培训等方面进行了规范。指导志愿服务组织和志愿者开展登记注册，并把记录工作作为评估要素。针对普通志愿者、骨干志愿者、团队和项目负责人制定分类培训计划。

"学雷锋"睦邻公益集市活动

长宁区北新泾街道社区志愿服务中心

建立三类培训平台：一是志愿服务加油站，开展分类培训；二是"心语心愿"交流会，每月开展一次团队分享会，每季度开展一次骨干沟通会，每半年开展一次志愿者代表交流会；三是"志愿新事"问诊室，由专业人员每周坐诊，为项目负责人提供咨询指导服务。

中心接待处

普陀区宜川路街道社区志愿服务中心

　　中心联动上海商业会计学校、上海市第八人民医院、上海商学院、环球港等多家单位共同推进志愿者专业化培训，即在中心招募到志愿者后，由合作单位对志愿者进行专业指导培训。

中心内景图

（五）指导监督制度创新

黄浦区五里桥街道社区志愿服务中心

制定了志愿者注册招募、教育培训、表彰激励、日常管理、项目运作等五大类 11 项内部管理制度，并引入由多方主体参与的第三方评估机制，定期对中心的内部管理、工作绩效和社会评价等进行跟踪评估。

中心内景图

浦东新区洋泾街道社区志愿服务中心

建立志愿者激励机制及志愿者督导与支持机制，汇编了《洋泾街道志愿服务项目管理工具箱》，通过志愿服务项目管理工具箱实现对志愿服务组织的督导与支持，清晰把握志愿服务工作的发展状况，了解志愿者的各方面需求。

志愿者培训师培训班活动

长宁区北新泾街道社区志愿服务中心

制定了人员管理、项目管理、资金管理、资源管理、信息管理等管理制度，组建了由居民代表、专家和社会组织组成的第三方评估监督队伍，对内部管理、工作绩效、信息系统、社会评价等内容进行常态化检查和考评。

"礼乐重阳"志愿服务主题活动

（六）激励保障制度创新

宝山区庙行镇社区志愿服务中心

建立"星级志愿者"创评制度，出台《庙行镇"星级志愿者"创建评级实施办法》。做到奖惩并举，既实施"评星、亮星、护星、争星""爱心积分制"、优秀志愿者免费体检、专款定点帮扶等褒奖激励政策，也实行"降星""摘星"及"一票否决"制度。

"星亮四季 温暖冬季"12·5国际志愿者日大型志愿服务活动

长宁区北新泾街道社区志愿服务中心

实施"七彩积分行动"，建立志愿服务积分兑换制度，鼓励志愿者参与不同志愿服务进行分类积分，可兑换七大主题"七彩积分行动"服务，即红色政策咨询、橙色法律援助、黄色技能提升、绿色心理咨询、青色医疗保健、蓝色家政服务、紫色民俗体验。

"条块联动促志愿，交通安全入楼宇"活动

金山区朱泾镇社区志愿服务中心

运用"数据"激励，在"上海志愿者网"基础上，再设小型"云"平台。"云"平台包括一本花名册，一套组织架构体系和一套奖励办法，促使全镇有志愿者"栖息"的场所。针对志愿者一年内参与的志愿服务时长、获得的相关激励等进行"一人一档"的记录。如对获评"朱泾好人"的志愿者，在数据库中完善相应记录，比如几月几日是他的生日，送上一次生活祝福，几月几日是体检日，送上一次免费就医等。

爱心送餐志愿服务活动

奉贤区金海社区志愿服务中心

建立"小时星级制"评估机制，每年开展志愿者"星级"评估的优秀系列表彰活动。同时，中心为"星级志愿者"提供了五种星级、八种套餐的物质奖励回馈星级志愿者。

中心内景图

（七）文化建设制度创新

宝山区庙行镇社区志愿服务中心

加强"一团一栏一榜一报"，即宣讲团、文明宣传栏、好人好事光荣榜、《庙行之声》社区报等宣传阵地建设，对先进典型进行宣传，拍摄志愿者题材微电影、微视频。依托"社区通"平台发布志愿服务动态。

中心内景图

浦东新区金杨新村街道社区志愿服务中心

每年拟定一个文化建设主题，例如2017年以"志·青春"为主题，挖掘更多的年轻志愿服务力量加入志愿服务团队；2018年以"志愿芳华无问西东"为主题，对过往的志愿服务工作进行总结和回顾，激发志愿者对志愿服务"初心"的思考。

中心内景图

二、品牌创新案例

品牌创新具体是指：（一）在品牌塑造上突破创新，顺应社会关切和民生需求，注重优秀项目、优秀团队、先进典型等的品牌化塑造，善于嫁接资源、提升内涵、扩大宣传，为形成区域志愿服务整体特色积淀志愿文化底蕴；（二）结合区域实际和特点优势，在项目化运作、社会化共建、组织化再造、内涵化发展等至少一方面独具特色，形成了一批量质俱佳、惠民利民的志愿服务项目、团队、宣传等品牌；（三）在项目化运作方面形成品牌的，区域内受群众欢迎、有持续力的品牌项目不低于 10 项，受益面逐年扩大；在社会化共建方面形成品牌的，每年与社会各界合作开展的品牌项目不低于 5 项，有 2 年以上紧密合作的各行各业单位不低于 5 家；在组织化再造方面形成品牌的，区域内志愿服务组织或团队培训率达到 80% 以上，20 人以上规模的品牌团队不低于 10 个。

（一）项目化运作品牌创新案例

普陀区甘泉路街道社区志愿服务中心

成功打造了"百姓小广场""四季相伴""法律夜门诊"等多个志愿服务品牌。其中，"百姓小广场"常年合作品牌项目 20 余项，

践行垃圾分类、守护绿色家园志愿服务活动

受益人数累计约 100000 人次；"法律夜门诊"累计受理咨询 4500余件，接待 6000 余人次。

普陀区曹杨新村街道社区志愿服务中心

培育了"七彩学雷锋公益行"系列志愿服务项目。如"收纳达人"项目，共培育收纳志愿者 200 余人，从家庭收纳延伸到楼道收纳，打造美丽楼道 30 余个；"益针益线"项目，共招募来自文明委单位的志愿者 70 余人，完成爱心编织品 200 余件。

"小手牵大手"垃圾分类志愿服务宣传项目

闵行区梅陇镇社区志愿服务中心

打造"益梅小院"公益集市，每月 15 日，益梅小院与二十多家单位和社会组织共同开展各类志愿服务项目包括医疗服务类、政策咨询类、便民服务类、商品义卖类等。截至 2018 年 10 月，已开展 14 次公益集市，平均每次都能吸引 400 多人次参与。

益梅小院公益集市志愿服务活动

（二）社会化共建品牌创新案例

徐汇区龙华街道社区志愿服务中心

对接区域文化场馆单位，联系高校、中学、社区工作者、区域单位白领共同参与运作"益加艺"文化艺术志愿服务项目。目前已有社会各界 31 支志愿服务团、3000 多名志愿者，为滨江各大场馆提供了 8 万余时、受益面达 25 万人次的志愿服务。

中心阅读休憩区

黄浦区豫园街道社区志愿服务中心

与市妇联巾帼园共建"好书童享，为爱悦读"项目，与市食品药品安全"蒲公英"志愿服务总队共建"食品药品知识进校园、进社区"项目，与市第一福利院共建"斑斓的生命"助老行动项目，与中国人寿共建"公益映山红"项目，与市级机关工作党委共建"互联网＋文创导师服务营"项目。通过引入市级部门优质资源，建立条块联动机制，提升社区志愿服务项目专业化水平和社区志愿服务团队服务能力。

中心阅读休憩区

（四）内涵化发展品牌创新案例

闵行区虹桥镇社区志愿服务中心

打造"星火志愿服务工程"，培育文明引导、便民利民、文化体育、扶弱助残等四大类82个团队，为居民提供各类志愿服务。平均每月固定开展的志愿服务项目超过200次，累计服务次数达到11000余次，惠及60余个村（居）委及体制外楼宇企业。

"3·5学雷锋"主题活动

嘉定区江桥镇社区志愿服务中心

创立"爱在江桥"邻里守望志愿服务地图册，开通"5180　我要帮您"志愿服务热线，形成社区送教、"1+N"铭心助老等25个志愿服务项目，打造了"5号公益日""摩拜管家""大咖的平方"儿童戏剧营等一批品牌志愿服务项目。

每月5日"定点、定时、定服务"的便民志愿服务活动

曹杨新村街道社区志愿服务中心

引入上海科技创新志愿服务联盟，并支持其在中心设立服务站，使其成为社区首支专业化服务队伍。聚焦老年人的生理和心理需求，打造"夕阳圆梦"品牌项目，对 50 余名为老服务志愿者进行专业化培训，提升志愿者为老服务的能级。

中心内景图

三、管理创优案例

管理创优具体是指：（一）在管理上体现创优，社区志愿服务中心定位明确、运作良好，具备规范的管理制度、完整的工作流程、高效的组织体系，积极探索专业化、社会化运作模式，为九大功能做实做强、发挥整体效能夯实基础；（二）在社区志愿服务中心内部建设，志愿服务站、志愿者服务基地等阵地建设，注册招募、时间记录、服务认证、数据建库、信息发布等信息化建设至少一方面形成了常态长效的管理经验，受到社会各界好评。

（一）内部建设创优案例

宝山区友谊路街道社区志愿服务中心

制定《街道志愿者经费管理办法》，每年安排 140 万元用于行政职能延伸类项目。另安排 140 万元用于志愿服务站建设，经费与志愿者注册率、活跃度挂钩。

"幸福红包"活动

松江区方松街道社区志愿服务中心

中心实施系统管理、信息管理、项目管理"3X"管理模式。在系统管理方面，中心制定了《社区志愿服务管理办法》、《学雷锋志愿服务站管理制度》等多项制度办法；在信息管理方面，中心要求志愿服务组织"项目活动必入'库'，志愿服务定有'时'"；在项目管理方面，中心对接3项市级条块资源，引入"律政先锋""医动青春""爱心助教""爱心周末"等5个区级条块团队。

中心内景图

（二）阵地建设创优案例

普陀区曹杨新村街道社区志愿服务中心

在 20 个居民区推行星级志愿者服务站点评估工作，在加强规范化建设的同时注重特色化培育，升级打造了绿色环保、快乐健康、助老敬老、邻里共享等多个特色志愿服务站，逐步推进"一站一品"的模式。

现代书店亲子阅读阅享空间

普陀区桃浦镇社区志愿服务中心

推行学雷锋志愿服务站"六有一开展"规范化建设，即有固定场所、有统一标识、有稳定队伍、有管理制度、有服务项目、有工作台账，常态化开展志愿服务活动。各服务站规范使用有统一标识的挂牌、旗帜、台卡、工作证、志愿者服装、台账等物品。

中心内景图

（三）信息化建设创优案例

闵行区颛桥镇社区志愿服务中心

在官微"颛桥家园"开设"志愿风采"专栏，实现项目发布、时长记录等移动端的自主管理。探索建立积分兑换制度，记录志愿服务时长，转换相应积分。结合区"社区新动力"项目，建立可以用积分兑换的"物资库"和"服务库"。

中心硬件设施图

宝山区友谊路街道社区志愿服务中心

依托公众号"友谊发布"增设"幸福红包"项目，通过"幸福征集"栏目发布需求类、服务类和福利类三类红包，在37个居民区中设立"幸福箱"线下征集红包。

谊家志愿服务直通车活动

四、服务创优案例

服务创优具体是指：（一）在服务上体现创优，社区志愿服务中心聚焦民生需求，针对区域志愿服务组织或团队、志愿者、服务对象、市民群众等不同群体，积极探索高效精准的服务方式和载体，汇聚服务民生的社会合力；（二）在供需对接、服务民生方面成效突出，增强了社会多元主体的获得感和满意度。

浦东新区塘桥街道社区志愿服务中心

针对社区孤寡老人、独居老人及纯老户等特殊老人，孵化了50个志愿服务睦邻点，如"新上海人""骑友""老娘舅"调解苑和谊邻之家等，覆盖辖区所有居委，每年开展活动600余场，受益人群7800人次。

塘桥社区睦邻点志愿者为老服务活动

闵行区古美路街道社区志愿服务中心

　　建设项目清单和资源清单，为邻里中心和志愿服务站提供配送服务，已形成"儿科医院爱心小屋""义工服务日""孝亲公益""古美义工岗""志愿服务社区行""社区新动力"等品牌项目。建立辖区单位走访制度，动员超过200家社区单位参与志愿服务。

医疗便民服务进社区

宝山区杨行镇社区志愿服务中心

实施"3·HUI"计划：一是"志愿汇"，通过资源整合建立项目库；二是"志愿慧"，定期开展培训，设置涵盖礼仪培训等8类课程，直接配送到学雷锋志愿服务站；三是"志愿会"，每月举办聚会活动，反哺志愿者群体。

"志愿会"春风十里修身行活动

崇明区陈家镇社区志愿服务中心

　　针对留守儿童开设"四点半课堂",组织青年志愿者为孩子进行辅导。针对老人开展"心系百岁情,满东滩"志愿服务项目,建立"1名医护志愿者+1名社区志愿者+若干名老人"的服务模式。医护志愿者每月一次上门量血压测血糖听心率,社区志愿者每周上门开展打扫卫生等活动。针对重点节点治安等问题,开展"全员参与平安社区"服务项目,组建了以社区居民及外来务工志愿者为主的巡逻队进行群防群治。

中心开展"除网"行动

五、试点探索案例

（一）褒奖激励

宝山区罗店镇社区志愿服务中心

打造"积分超市"，志愿者可凭积分到"积分超市"兑换奖品和服务，如顾村公园樱花节门票等；志愿者可凭积分参与特色项目体验，如罗店镇龙船制作等。通过"社区通"推送的志愿者专属福利"畅游罗店十二景"活动，吸引了线上线下近 9000 名志愿者参与。

优秀志愿者评选活动

普陀区曹杨新村街道社区志愿服务中心

建立街道、居民区两级"志愿服务之星"评选工作机制。通过每季度一次的居民区评选、每年一次的街道评选，更好地挖掘身边的志愿服务先进典型。

党员志愿者组成创城宣传小分队

嘉定区南翔镇社区志愿服务中心

成立"好心人之家",设每周二为"好心人日",以活动为媒介带动全镇40家"好心人之家"分中心加入到关爱好心人的队伍中来。号召市民加入"随手公益,快乐志愿"微信群,留下自己或他人随手公益、快乐志愿的图片或文字记录,参与每月的公益达人、优秀志愿者评选活动。

垃圾分类知识宣传志愿服务活动

（三）条块联动

黄浦区豫园街道社区志愿服务中心

开展豫园大客流志愿服务项目，一是联手高校，在提升志愿者整体形象上下功夫，共招募志愿者 659 名；二是区域联动，结合豫园景区实际，设置了"两站十点"的大客流志愿服务点位，所有服务项目均由街道区域化党建联建单位党组织无偿提供。

豫园大客流志愿服务活动

宝山区大场镇社区志愿服务中心

实施"青年社会组织进社区"志愿服务项目，与上海青年家园合作，为区域内 80 支团队进行团队增能计划，项目从志愿者自身需求出发，通过心理疏导、技能培训、健康知识、文明礼仪、典型人物、特色志愿服务、志愿精神等方面开展培训。

"蒔村小讲堂"活动照片

宝山区杨行镇社区志愿服务中心

引入中国人寿企业资源，助力41家志愿服务站建设，升级站点便民服务箱；与区委党校等18家单位联建"社区精品党课"等21个党群服务项目；与镇卫生办等10个职能部门开展"希望·造血干细胞宣传""守护斑马线"等12个常态化项目。

"扬帆微心愿"活动

（四）志愿文化推广

浦东新区金杨新村街道社区志愿服务中心

成立了志愿服务文化推广部，中心统一制作服装，推出通用的志愿者红马甲、POLO衫、青年志愿者的小雷锋T恤、市民巡访团志愿者的衬衫等。中心开通了"金杨志愿服务中心日常"抖音号和"金杨社区志愿者协会"新浪微博。

"学雷锋"志愿服务活动

嘉定区江桥镇社区志愿服务中心

推出"每月志愿服务反哺主题活动"，以"一年一系列"的服务形式让志愿者在服务他人的同时感受社会温暖，着重营造和推广"关爱志愿者"的文化理念。例如，中心以"手工制作"为系列主题，相继推出手工皂、小皮具、永生花等十多种手工艺技能培训，让志愿者在温暖氛围中学习交流。

每月志愿服务反哺活动之小皮具制作体验

虹口区四川北路街道社区志愿服务中心

成立"海上旧里"志愿解说团，积极打造"红色志愿文化"。由左联纪念馆对团员们进行专业培训，他们利用业余时间为居民和游客提供名人往事和建筑特点的义务讲解。5年来，解说团在四川北路、鲁迅公园、多伦路等地设展讲解百余场，受益群众约3万余人次。

"海上旧里"志愿解说团讲解

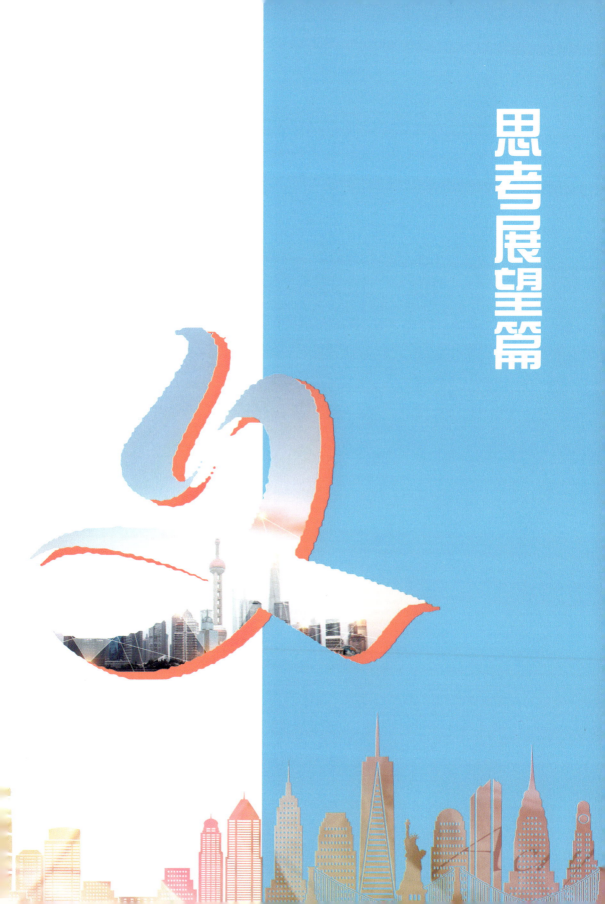

思考展望篇

思考展望篇

本篇章主要围绕新时代文明实践中心建设的新要求，精心选择了七个主题，并对应每个主题分别邀请了一位相关领域的专家学者进行访谈，以"面向未来，提质增能"为讨论主题，多视角探究志愿服务相关工作未来发展的方向和路径，为各级志愿服务管理主体把握未来方向提供参考指引。

主题一：关于新时代文明实践志愿服务 体系建设的思考

访谈嘉宾：张祖平

上海海洋大学公共管理系主任、新时代文明实践与志愿服务研究中心常务副主任、教授、博士生导师。上海市青年志愿者协会副会长、浦东新区青年志愿者协会副会长、中国青年志愿者协会常务理事、中国志愿服务联合会理事、上海市志愿者协会理事、宁波志愿者学院院长。

1. 新时代文明实践中心建设会对目前上海志愿服务体系建设产生怎样的影响？

张祖平：在新时代文明实践中心建设工作的推动下，上海志愿服务事业的发展迎来历史机遇，获得较快发展。但如何推进新时代文明实践中心建设取得实效，如何建立志愿服务发展的长效机制，我认为应该树立系统思维，建立要素完整、相互支持的志愿服务体系。

2. 新时代文明实践志愿服务体系建设需要做好哪些方面的工作？

张祖平：我认为做好新时代文明实践志愿服务体系建设应着重做好五个方面的工作：

一要大力培育志愿服务组织和管理者。首先要识别、培养志愿服务骨干人物，鼓励他们成立志愿服务组织。选择对公共事务有热心、有一定管理能力的人作为培养对象，在团队成立初期给予资金支持，集中开展志愿服务知识和管理技术的培训。鼓励企业管理者成立志愿服务组织，企业管理者有管理经验也有资源，他们成立志愿服务组织，会促进志愿服务组织的规范和快速发展。建议出台志愿服务团队负责人奖励和培养计划，保护他们的工作热情，提升他们的工作能力。鼓励党员和团员发起志愿服务项目，鼓励单位对职工从事志愿服务给予支持。

二要提高群众志愿服务参与率。根据志愿服务三方模型理论，群众的志愿服务参与率由三个因素决定，一是志愿服务的意愿，二是志愿服务能力，三是志愿服务可为性。我们把这三个因素融入到志愿服务的前中后三个阶段中，每个阶段都有提供志愿服务参与率的方法。志愿服务活动开始前，要让群众知晓志愿服务信息，招募匹配岗位需求、时间合适的志愿者。志愿服务过程中，志愿者要有良好的体验感。良好的体验感包括归属感、价值感、尊重感、获得感。让志愿者在参与服务的过程中增加对团队的归属感，这种由个体融

入集体的过程，满足了志愿者的社会交往需要，增加了志愿者的社会资本。价值感则体现在志愿者认为从事的服务能够解决社会问题，且具有社会意义，增强自身的成就感。在志愿服务的过程中，志愿者如果能够获得来自服务对象的尊重、志愿服务组织的尊重和全社会的尊重，会极大地激励更多人参与志愿服务。如果志愿者在服务中不仅是单向付出，还能获得服务技能提升、自身素质提高等回报，他们将会有更多的热情参与进来。志愿服务工作结束后，要有激励机制，鼓励志愿者再次参加志愿服务，鼓励潜在志愿者参与志愿服务。这就要求志愿服务管理部门建立志愿服务激励和保障办法。

三要设计实施一批优秀志愿服务项目。志愿服务项目是志愿服务组织凝聚力量、优化资源投入、完成使命的载体，是推动志愿服务走向规范化、常态化、专业化、品牌化的抓手，也是志愿服务体系的核心要素。在设计志愿服务项目前，一方面要深入社区，通过访谈、观察、体验等方式了解群众的困难和需求，把可以通过志愿服务的形式满足的需求，设计为志愿服务项目。另一方面要调查本地的文化、人才、技术等资源，充分利用本地的资源优势开展志愿服务活动。项目的设计应体现党政所急、百姓所想、社会所需、志愿者能为的原则。

四要鼓励枢纽组织积极参与志愿服务能力建设。建议党委政府制定激励措施，依托各级新时代文明实践阵地，因地制宜盘活各类场地设施，如整合党群服务站、志愿者服务基地、东方讲坛举办点、东方信息苑、市民修身基地、科普教育基地、社会实践基地等现有资源，定期举办交流会，为各类志愿服务组织、项目提供管理诊断、指导和帮助，培养志愿服务管理人才和一流的志愿服务团队。提高各类志愿服务组织和团队的专业化水平，不断拓展整合资源，逐步增强造血能力。鼓励社工机构转化为志愿服务支持机构，政府给予资金和政策支持。

（2）横向评价：区级志愿服务指导中心可以对全区所有的社区志愿服务中心从各个评价维度进行打分，然后建立相对合理的评估标准线，根据评估标准线对社区志愿服务中心进行综合评价。

（3）纵向评价：区级志愿服务指导中心可以选择某个社区志愿服务中心，按照时间维度，对该社区中心从1月至12月进行评价维度打分，可以建立该社区志愿服务中心的进步指数，根据进步指数，可以对所有社区志愿服务中心进行综合评价。

当然，也可以综合以上三个维度，使用线性加权和神经网络的方式进行分析。

二是运用大数据建构志愿服务工作成效评估模型来强化监督功能。建议不同时期采用不同的评估模型，而且要适度变化，例如在推动志愿者注册阶段，可能要强化人员注册，人员参与活动指标的模型。如果志愿者注册比例已经达到13%的"十三五"时期目标，需要提供志愿者的参与率，数据评估模型需要向志愿服务活动类型、活动的发布、记录、志愿者报名参与的评估模型进行转变。在注册人数和志愿服务活动均发展比较理想的情况下，要进一步加强对志愿服务组织的评估，确定志愿服务组织应该在哪个方面实现提升。

三是运用大数据建构数据分析报告模型来强化指导功能。根据上海市的实际情况，志愿者注册人数已经达到要求，不应该作为数据报告的主要内容，而是应该从志愿服务组织和志愿服务项目开展等方面，通过更多细化的指标来分析和指导各级志愿服务组织如何开展志愿服务活动。

四是运用大数据来健全激励制度和体系。通过大数据分析，可以很方便地计算各区级志愿服务指导中心、社区志愿服务中心累计的志愿服务时长，根据这些志愿服务时长，大致可以评估出各级组织应该提供何种激励制度。根据目前的实际情况，建议提倡"谁组织志愿服务活动，谁负责发布志愿服务项目；谁负责时间记录，谁负责激励回馈"的方式，区级志愿服务指导中心和社区志愿服务中心提供以精神激励为主的激励嘉许措施，辅之提供一些可以优惠的公共资源。

五是运用大数据持续促进科学决策和理论研究工作能效的改善和提升。志愿服务项目对于推动基层社会治理的具体领域和类型应该是不一样的，各区的志愿服务组织发展也是不平衡的。因此，建议每年根据数据分析结果，指导各区因地制宜提出各具特色的志愿服务组织扶持政策和志愿服务项目设计路径。基于"上海志愿者网"现有数据，结合上海市实际情况，建议组建专门的专家团队，建立上海市志愿服务大数据统计和分析制度，采购使用第三方数据分析服务，按年度、分层次，例如按社区、区级和全市层面不同层面，出具大数据分析报告，指导全市志愿服务工作。

主题三：社区志愿服务培训的模式

访谈嘉宾：冯占锐

"社邻家"联合创始人、上海百益社区服务中心理事长，曾荣获上海市优秀志愿服务组织者奖。参与主导政府支持项目200余项，为全国多个社区工作者培训平台长期研发输送配套课程、在社区志愿服务、公共空间建设和运营、社区治理等领域具有长期协助市、区和街（镇）相关条线部门制定顶层设计的实践经验。

1. 目前社区志愿服务培训工作还存在哪些问题或短板？

冯占锐：社区志愿服务培训工作是目前志愿服务工作中主要短板之一，主要表现在缺乏精准化系统化的课程设计、培训师资不足、培训形式单一、缺乏驱动培训对象常态化自主学习的机制等方面。

社区志愿服务培训所涉及的培训对象多元复杂。因此，不同的培训主体对于培训模式的设计必须考量不同培训对象的背景特征和需求差异，从而制定出匹配需求度高的培训模式，这是培训主体面临的一个重要挑战。

2. 如何设计更适宜的社区志愿服务培训模式？

冯占锐：在明确不同培训对象及需求的基础上，各培训主体均可以从七个方面着手系统设计培训模式，即培训平台、培训讲师、培训课程、学习素材、学习形式、动力机制和培训对象自主学习驱动机制：

一是培训平台。常态化推动志愿服务培训工作需要平台支撑，平台建设内容包括平台名称、平台定位、平台发展目标、平台运营主体、课程建设体系、师资建设体系、管理体系和日常活动等。

二是培训讲师。师资资源是培训模式可持续的决定因素，一般情况下，培训讲师包括引入型和内生型两种，目前各培训主体多重视引入型师资资源，但因成本、师资资源本身不足等因素限制，难以回应培训需求。因此，培训主体也应重视内生型师资的培育，注重日常挖掘区域内优秀实践者和有专业背景的志愿者，协助他们将经验和专业知识转化成为培训所需的课程资源。培训主体的骨干力量应注重学习，将自己发展成为合格的培训讲师也是一种重要的补充师资力量的好方法。另外，目前远程视频技术较为成熟，培训主体可以组织外地专家学者和优秀实践者开展远程视频教学，可低成本扩充师资力量。

三是培训课程。师资不足导致培训课程资源不足，加强师资建设同步带动课程建设，但仅靠师资的加强还不能满足培训需求，主要原因是多数培训课程需要结合区域和培训对象的实际才能保障培训成效，因此，各培训主体必须注重课程的研发，如培训主体自身不具备研发能力，则需引入第三方专业力量协同。

四是学习素材。作为培训课程的补充，学习素材如项目案例、直播活动、制度设计样本、创新做法等在日常学习中比较常见，也是重要的学习资源。因此，培训主体可以利用培训对象的碎片化时间，针对收集整理出来的学习素材设计相匹配的学习形式。

五是学习形式。不同的培训对象对学习形式有不同的需求，单一的学习形式易导致培训对象参与动力不足的问题。学习形式一般分为线上线下两种形式，其中线下形式包括线下讲座、工作坊、分享交流沙龙、专业论坛等；线上形式包括微信群案例素材分享、远程参访、远程视频培训等。

六是动力机制。目前普遍存在培训对象动力不强的现象。各培训主体首先应从加强培训平台建设、师资建设、课程建设、学习素材支持和学习形式多样化建设等方面入手，让培训对象感知到专业度和系统性。其次，各培训主体可结合实际制定褒奖激励制度，鼓励学员坚持学习。

七是自主学习驱动机制。有效驱动培训对象自主学习是培训平台建设的重要组成部分，不可或缺，否则设计再完美的培训计划、准备再强大的师资课程资源对于能力建设来说也只能实现价值的一小部分。各培训主体可以通过制度安排、学习素材提供、学习型组织建设等路径方法探索和实践驱动机制。

主题四：企业社会责任和社区融入

访谈嘉宾：韩琦

安利（中国）日用品有限公司南方区市场拓展部经理，兼任黄浦区青年志愿者协会理事长、上海青年志愿者协会副秘书长，曾荣获上海市五四青年奖章、全国优秀志愿者等荣誉。

1. 如何理解志愿服务与践行企业社会责任和社区融入的关系？

韩琦：志愿服务正在成为越来越多企业践行社会责任的主要方式，企业的服务资源、专业技能是社区开展志愿服务广泛所需的，而企业本身更是基层政府和社区构建治理共同体过程中的重要参与力量。因此，企业以社会责任的方式融入社区是时代所需，这同时也需要政府和社区搭建更多元的参与平台，为企业提供融入路径。安利（中国）一直将"Helping people live a better life"（为您生活添色彩）的使命和愿景落实在回馈社会和社区居民的行动中。20余年来，安利与社会大众的联系也越发紧密，随着O2O战略的实施，安利于2014年将全国首个体验中心落户上海，加强了根植上海、服务上海的理念。安利公司员工与营销人员都奉献出自己的力量，致力于将安利体验馆塑造成"公众会客厅""社区活动站"等平台，将回馈社会的企业精神落实在对社区居民的关爱中。

2. 如何通过志愿服务促进企业践行社会责任和融入社区？

韩琦：我以安利（中国）的实践探索为案例，谈谈个人的体会。这些年安利（中国）具体做了四个方面的探索和实践：

一是结合需求和使命愿景，制定社会责任发展计划。

（1）打造安利社区好伙伴的形象，打造品牌公益项目。安利运用公司的力量提高社会信任度，让社区更有温度，是安利在履行企业社会责任的过程中一直思考的问题。基于安利的企业精神"Helping people live better lives"（帮助人们过更好的生活），项目将目光锁定于社区大众，为他们提供切实的、符合需求的志愿服务，打造安利社区好伙伴的形象。

（2）形成可复制推广的"安乐窝社区伙伴"模式。"安乐窝"项目旨在将安利体验馆建设成为社区居民的"安乐窝"。项目重点锁定三大类社区人群：一是流动人口子女，安利通过设立"社区青少年工作站"项目，为青少年的教育类项目建立了完善而丰富多彩的课程，帮助流动人口子女学习技能、拓展社交。这些青少年若通过学习和积极的社交，能增强对这座城市的认识和融入感，从而帮助他们结交新朋友，树立自信；二是社区弱势老人，特别是其中的失独老人，尤其需要青年志愿者为他们提供具有实际帮助的志愿服务、积极的心态指引及与同龄老人的沟通平台；三是社区白领，通过开展安利体验馆"青年中心"系列活动，带领白领青年拓展爱好、发展技能、结交朋友，从而有效缓解他们的工作及心理压力。通过引导他们加入到安利志愿者队伍中，一方面用正能量点亮他人，另一方面自身也由内而外地散发出新的活力。

二是整合社会资源，探索"企业＋社区＋社会组织"的社区治理新模式。安利坚持为志愿服务与社会创新的系列服务需求寻求解决方案，以期带动政府、社区居民、志愿者和新闻媒体等的良性互动，形成多元利益主体共赢的局面。通过安利、社会组织、社区三方共同参与的机制，实现信息共享、项目联营、服务联手，从而帮助解决困难，协调社会关系，推进社区治理。

三是树立社会责任发展理念，促进内外部形成广泛共识。通过志愿服务项目，安利可以将志愿服务作为公司长远人才激励机制，加强内外部融合，促进企社良性循环，倡导企业文化及推进企业实现社会责任愿景。借力社会组织，安利能了解到社区的实际需求，将合适的志愿服务落地到需要的社区，减少人力财力的浪费。对安利志愿者而言，参加志愿服务可以增强他们的社会认同感，在社区树立正面形象和口碑，还可帮助他们搭建社会型交友平台、拓宽人脉圈、团队建设等，从而助力安利志愿者获得更大的成功。

四是发展并赋能合作伙伴，做强社区融入力量。项目持续引入合作支持机构并引导其共同融入社区做大"公益蛋糕"。合作伙伴承担的主要任务包括：进行社区和社会组织的识别和选择；对社区伙伴进行培训；对现场的落地活动进行督导；规范志愿者工作，对志愿者进行专项培训；对志愿者进社区开展志愿服务提供活动策划意见，并监督活动及志愿者行为的规范性；提供技术支持，协助进行社区伙伴合作标准化手册、规范、制度等文件的制定等。

主题五：公众人物在社区志愿服务中如何担当作为

访谈嘉宾：戚彦（阿彦）

东方广播中心流行音乐事业部监制兼主持人，SMG 优秀主持人之一，首位获得纽约国际广播节银奖的中国大陆广播节目编辑。《阿彦和他的朋友们》爱心团队创始人之一、一众基金发起人之一，上海市儿童福利基金会理事。"全国最美志愿者"、全国首批"五星级志愿者"。

1. "阿彦和他的朋友们"是一个怎样的志愿服务组织？都做了些什么？

阿彦：《阿彦和他的朋友们》是一档播出十年有余的音乐广播节目，《阿彦和他的朋友们》爱心团队是一支迈过十岁生日后继续前行的志愿服务组织，两者之间的唯一关联是：爱心团队的首批志愿者大部分是受到广播节目的感召而立志奉献的。十年前，上海市儿童福利院联系我说孩子们想来广播大厦看一看，于是我在当时主持的傍晚节目里，面向听众征集接待人员，唯一要求是每人必须准备三份送给小朋友的礼物，这一数量是按来访的小朋友的人数决定的。正是这一次的机缘，让我看到听众中有很多乐于公益的人，于是在大家一起合计商讨之后，我们的志愿服务团队就此成立了。

十年公益路，我们坚持做了三类志愿服务项目。一是每月至少一次的义卖活动，为团队对接的福利院和敬老院的项目提供资金支持，现在已经增加到每月至少三次；二是对接福利院，为小朋友提供才艺培训服务，每年组织孩子们和志愿者们（义工老师和专业嘉宾）一起排练节目，再专门为学歌的小朋友们出一张唱片；还开办了烘培教室，传授技艺以服务未来就业。到年底团队会出资请上海市儿童福利机构的孩子们和老师们吃一顿年夜饭，举办一场家庭内的狂欢活动；三是对接敬老院，中秋送月饼、重阳节加菜、春节送慰问、月月轮流探望。

2. 基于十年的实践经验，您对"公众人物在社区志愿服务中如何担当作为"是如何思考的？

阿彦："公众人物"不仅仅只包括我们知道的"名人"，还包括有一定规模的群团组织的领袖和微信群的群主等，如果我们的微信朋友圈人数较多或微博粉丝较多的话，我们也可以算是"公众人物"，因为当我们在分享信息的时候，会有很多人看到。每个公众人物都有一个"圈子"，在这个圈子里他有号召力和影响力，分享、传播、发动和倡导都会变得更容易，更有成效。因此，发展社区志愿服务的过程中应首先多发掘出这些社区里的公众人物，形成一个广泛的联盟组织，建立驱动机制，鼓励各成员共同参与社区志愿服务体系建设的方方面面，例如建设立体传播网络、实施志愿者长期招募计划等。

市、区文明办，市志愿者协会可以考虑成立一个公众人物志愿服务俱乐部，这对于赋能志愿文化和品牌志愿服务项目建设是一个有益的探索。市志愿服务公益基金会可以同步参与进来，依托名人效应创新志愿服务资金募集和可持续发展的模式。

电视、广播明星不同于其他明星，其他明星处于原子化状态，较难聚合，而电视、广播明星从属于有编制的组织，可通过区域化党建等方式联动组织的负责人实现共建，驱动更多的电视、广播明星融入社区志愿服务中去。

绝大部分公众人物因时间关系不能实现深入管理，难以落实管理者的责任，因而持续性就会受到挑战，这就要求服务支持者主动站出来，为他们提供多元化的参与路径，最大化发挥他们的带动作用，比如邀请收入水平较高的人建立慈善捐助平台，邀请明星参与激励体系建设等。

指引公众人物在社区志愿服务中如何发挥作用是一个很重要的课题，这需要志愿服务工作者持续研究激活公众人物的动力机制。我作为《阿彦和他的朋友们》爱心团队的领头人，支持我坚持十年的动力既有自身原因，也有外部力量的持续作用。首先，我们做的事也是我的听众想做的事。他们想做，我就配合，我不会无视他们的期望。其次，我喜欢做老师，喜欢与孩子们沟通，后来孩子对志愿者们产生了依赖，甚至有时候产生了类似家人之间的感情，我们当然也不可以辜负孩子们的信任和宽容。此外，做好志愿服务，家庭的支持也很重要，家里人和朋友知道这件事后都在鼓励我，我们团队对志愿者上岗的基本要求里也明确规定，家人不同意来参加活动的志愿者不能上岗。另外，因为我本人坚持参与每一个项目的服务，在现场我能看到服务对象，有情感交流，同时也可以借此观察志愿者的表现，把人员调配到最合适的岗位上，充分发挥志愿者的能力。无论是服务对象的需求兑现，还是志愿者本人的成长，都对我本人和我们团队产生了极大的影响，这也是我们能坚持下去的原因所在。

我相信，作为一个公众人物参与到社区志愿服务当中来，会受到社会各界的广泛支持，支持力量不仅仅来自志愿者，还有众多的合作伙伴，你也能强烈地感受到社会需要你的参与，需要你带动更多的人共同行动。当然，我们团队也陆续碰到过对社会公益和志愿服务存在质疑的单位和市民，我们都会在面对这一情况的时候，坚决地向误解方作出旗帜鲜明的表态。而这一现象的存在，也让我们更清楚地看到，提高市民的志愿服务意识是如此重要。作为一个国际化大都市的上海，始终需要我们的责任担当。我的感受是：激活你的动力，一定会在你决定成为一名志愿者并付诸行动之后，源源不断地产生。

主题六：志愿服务激励嘉许机制的探索

访谈嘉宾：俞伟

> 上海市文明办志愿服务工作处处长、上海市志愿者协会秘书长。

1. 上海推动志愿服务激励嘉许机制建设的总体情况是怎样的？

俞伟：志愿服务激励嘉许是志愿服务工作中的重要内容，做好志愿服务激励嘉许不仅要持续反馈对志愿者贡献的认可，也有利于志愿服务组织吸引、凝聚和发展志愿者，有利于志愿服务工作者对自身的工作持续提质增能。上海市文明办正在全市层面积极推进和布局四种志愿服务激励嘉许模式，即精神激励、政策激励、信用激励和优待激励，并于2020年11月1日正式发布并实施《上海市学雷锋志愿服务激励嘉许实施办法（试行）》，实现志愿服务激励嘉许制度化。

2. 在探索四种志愿服务激励嘉许模式的过程中具体做了什么？有什么新的计划？

俞伟：精神激励是上海志愿服务工作在全国一直保持领先的重要制度安排。2007年开始，市文明委和市志愿者协会就推出了两年一度的上海市优秀志愿者评选表彰，这其中还包含了上海市杰出志愿者、上海市优秀志愿者、上海市志愿服务优秀组织者、上海市志愿服务先进集体、上海市优秀志愿服务品牌项目和上海市优秀志愿者服务基地等评选项目。上海每年都会开展全国学雷锋志愿服务"四个100"先进典型推选评审展示活动，并分别由各区、委办组织推荐选拔活动，将四类先进代表（最美志愿者、最佳志愿服务组织、最佳志愿服务项目、最美志愿服务社区）向中央推荐。上海在组织开展评选表彰活动的时候，在评选对象的要求上作了科学合理的制度安排，如要参评上海市杰出志愿者，必须是上海市优秀志愿者；如要参评全国最美志愿者，则必须是上海市杰出志愿者，形成层层递进、层层推荐的评选模式。对于获得奖项的志愿者，较少采取物质激励，而是重精神激励。2007开始，习近平、俞正声、韩正、李强等时任上海市委、市政府、市文明委的主要领导，每两年接见一次上海市杰出志愿者和优秀志愿者代表并合影留念。同时，上海市文明办为杰出志愿者和优秀志愿者代表开展访谈、编写故事、录制视频，并在《上海故事》杂志以及新民晚报"上海时刻"栏目宣传推广。

在政策激励方面，对于参与志愿服务以及有较好表现的志愿者，在上海一直是受到广泛尊重的。市文明办和市志愿者协会一直积极推动政府相关部门制定相关激励政策，如新修改的《上海市志愿服务条例》第30条的"优先录取"原则等，市教委和市文明办自2015年起推出将高中生参与志愿服务公益劳动的时长（要求最低为60学时）纳入到高考综合素质评价体系中。

在信用激励方面，从2017年开始，市文明办与市发改委签署协议，指导市志愿者协会、市信用中心共同推出将"上海志愿者网"注册志愿者符合条件的志愿服务信息纳入到本市公共信用平台。2017年6月30日导入第一批数据，录入条件为大于等于10小时，符合者为128万，以后规定每年6月30号为录入截止日期，2018年录入条件为大于等于 20 小时，人数达 143 万，2019 年为 30 小时，人数达 154 万，2020 年为 40 小时，人数达 163 万。每个注册志愿者均可以查询个人征信报告，这是上海推出的第一个"信用正向激励"项目。对于信用激励方面，下一步需要探索的是，在把志愿服务信息纳入征信平台的基础上如何开展针对性的正向激励，如鼓励和市信用中心签约的 4700 多家商户成为志愿者激励赋能主体，企事业单位可拿出具体措施参与，成为激励共同体的一员。

优待激励具有广泛性、普惠性特点。截至 2020 年底，上海注册志愿者已超过 520 万人，占上海常住人口比例超过 21%。市文明办鼓励各级部门、机构组织基于注册志愿者和志愿服务时长开展激励嘉许。2017 年开始，市文明办、市卫健委、市志愿者协会和市志愿服务基金会联合推进，对于获评过优秀志愿者及以上荣誉的志愿者提供免费体检服务，由获得过全国文明单位称号的医疗机构每年拿出 100—150 个名额参与激励；申迪集团（上海迪斯尼）每年拿出 1500 张迪斯尼门票奖励优秀志愿者和志愿服务优秀组织者。2018 年，在原来 1500 张奖励的基础上，又增加 800 张，专门用于奖励优秀志愿服务组织，每个组织 20 张，志愿者入园后还可享受 VIP 通道服务。2019 年，与建设银行合作推出志愿公益龙卡，注册志愿者可以申请，刷卡金额的一定比例可捐到基金会。另外，市文明办、市志愿服务公益基金会在全市推广"时间兑换机"，用于积分兑换服务，机器中的一类物品是企业捐赠并由市里统一配送的，还有一类是由区、街（镇）社区募集整合的服务或物品。对于优待激励方面，下一步将探索和文化、体育、科技、卫生等相关部门、企事业单位、公共文化设施、科普基地、体育健身场所等，共同推出针对志愿者的礼遇优待激励措施，让志愿者享受美好生活，提高城市文明程度。

主题七：志愿服务文化理念传播和媒体作用

访谈嘉宾：陈诗松

> 陈诗松，青年报社团委副书记、品牌活动中心副总监，曾荣获上海市新闻奖、上海市优秀青年志愿者、上海市优秀志愿者、福布斯中国 2018 年 30 位 30 岁以下精英。

1. 作为媒体人，您是如何看待志愿服务文化理念传播的？

陈诗松：志愿服务是什么？也许是"外交主场"迎接各方宾客的一抹微笑，也许是大型赛会中连轴忙碌的一颗螺丝钉，也许是数十年如一日奔走在社区一线的一个背影，也许是因一纸号召走上"抗疫"前线的一名"战士"……这一瞬瞬温暖时刻、一个个志愿故事，通过报纸、广播、电视、网络等媒体的记录和传播而走进千家万户，沉淀为市民心中的志愿服务文化。志愿服务文化，因传播而家喻户晓、人人称道，因传播而吸引凝聚、共襄"志"趣，因传播而塑造精神、让"心"飞扬。

三年前，在对老挝人民民主共和国进行国事访问之际，习近平主席在老挝三家媒体上发表题为《携手打造中老具有战略意义的命运共同体》的署名文章。文中特别提到，中国上海近百名青年志愿者先后赴老挝从事网络技术、体育教学等工作，其中一名志愿者就任老挝国家男篮主教练。这位被"点名"的志愿者孙伟来自上海体育学院，他在接受多家媒体采访时曾说，"我是来传递中老之间友谊的，志愿服务就是不求回报的奉献。"包括孙伟在内的这些中国上海援老挝志愿者们的故事，通过两国媒体的报道，成为了中老人民之间的一段志愿服务佳话。

2019 年，在中国志愿服务联合会第二届会员代表大会召开之际，习近平总书记发来贺信，向大会的召开表示热烈祝贺。"党的十八大以来，广大志愿者、志愿服务组织、志愿服务工作者积极响应党和人民号召，弘扬和践行社会主义核心价值观，走进社区、走进乡村、走进基层，为他人送温暖、为社会作贡献，充分彰显了理想信念、爱心善意、责任担当，成为人民有信仰、国家有力量、民族有希望的生动体现。"这段金句通过成百上千的媒体报道、通过各具特色的传播方式，让志愿服务在民众中迎来了闪闪发亮的"高光时刻"。

"心有所信，方能行远。"2020 年，习近平总书记给复旦大学《共产党宣言》展示馆党员志愿服务队全体队员的回信，再次在青年群体和志愿者群体中引发热议。他在信中鼓励志愿者说，"你们积极宣讲老校长陈望道同志追寻真理的故事，传播马克思主义理论，是一件很有意义的事情。希望你们坚持做下去、做得更好。"党员志愿服务队的故事通过广泛传播，让更多人品尝到真理的甜味、志愿服务的香味。

一直以来，当代中国志愿服务飞速发展，都离不开媒体传播的"助攻"。从"五讲四美三热爱"的推动到"学雷锋、做好事"的浪潮，从八运会组委会设立志愿者工作部的创新创举到重大体育赛事志愿者的"逢场必到"，从世博会"小白菜"的"世界在你眼前，我们在你身边"到进博会"小叶子"的"志愿青春，书写新时代华章"……一篇篇生动的报道，一个个感人的视频如同为志愿服务文化插上了翅膀，飞入了寻常百姓家。

我们欣喜地看到，在志愿服务和媒体传播共同勃兴的时代，媒体传播成为了志愿服务文化的"助推神器"，让做志愿者成为很多人的一种生活方式，让"奉献、友爱、互助、进步"的志愿精神深入人心，让"人人都是志愿者，志愿服务人人可为、时时可为、处处可为"的志愿服务理念深入人心。

2. 如何发挥媒体在志愿服务文化理念传播中的重要作用？

陈诗松：要从两个方面着手并加强推进。

一是要"持续传播"。媒体对于志愿服务文化的推动有着至关重要的作用。媒体如同"传声器"，通过坚持不懈的持续传播，提高了志愿服务文化的传播率和知晓率；如同"动员剂"，通过"不厌其烦"的大力宣传，动员越来越多的受众从旁观者转变为参与者；如同"放大镜"，通过走进和深入，让志愿服务的信息变得开放，让志愿服务的运行变得透明；如同"凝合剂"，通过时间和空间的传播积累，将不可名状的志愿服务凝聚为看得见、摸得着的志愿文化、志愿精神。

二是要"多维传播"。一名名志愿者，如同一团团燃烧的火焰，走到哪里，就温暖到哪里。而一次次媒体传播，像"助燃器"一般让这些温暖加倍升温，愈加暖遍整座城市。如同粉丝为自己喜爱的明星花式应援，塑造出更优质的偶像形象。通过发挥传统媒体、新媒体等多面优势的多维传播，媒体也能成为志愿服务文化的"应援宝物"。

首先，常用传统媒体发挥品牌效应。传统媒体作为媒体大军中的"老牌劲旅"，具有较高的权威性和品牌效应，与其"长相牵手"，可以助力志愿服务文化源源不断地打响品牌，提升社会影响力。比如，通过在传统媒体中开设常态化专刊、专栏，让志愿故事和受众天天见面，让人人公益随处可见。再如，深挖典型以点带面，上海在历年全国学雷锋志愿服务"四个100"先进典型宣传推选活动中均名列前茅，选树了张兴儒、黄吉人等一批全国"四个100"先进典型，通过深度报道，全面展示志愿者风采，更能发挥榜样力量。还如，联合主流媒体打造"志愿节日"，2018年，首次以"12·5国际志愿者日"和"3·5学雷锋日"为首尾节点推出历时三个月的上海志愿服务文化推广季，不断扩大志愿文化的"出镜率"。

其次，活用新媒体营造多面开花氛围。随着移动互联网时代的到来，从人人必备的微博、微信，到如今当红的短视频、直播，新媒体已经成为受众在获取信息和社交上的"刚性需求"，用好这些新媒体的传播，能够让志愿服务文化的发展"如虎添翼"。除了做好基础的微信公众号传播、微博账号宣传和互动之外，越来越多的志愿服务组织和志愿服务管理机构正在深挖新媒体传播的更多"宝藏"。例如，上海市文明办多次举办上海志愿服务网络文化节、"温暖申城、志愿先行"微电影征集评选展示活动等新媒体活动，让市民动动手指、拍拍小视频就能便捷参与其中，从而成为志愿服务文化的传播者，推动形成人人参与、人人尽力、人人享有的良好社会氛围。不少志愿服务活动还使用了图片直播、视频直播、抖音小视频等形式，让新媒体技术为志愿服务在移动端的快速传播保驾护航。

最后，巧用融媒体及时应对危机。在信息传播飞速发展的今天，"人人都有麦克风"是一把双刃剑。社会大众既是志愿服务的参与者，也是志愿服务的受益者，志愿服务的各个环节时刻接受着大家的监督。无论是马拉松志愿者事件，还是房产中介冒充志愿者推销房产现象等，都对志愿者形象造成了负面影响。如何应对突发事件、化解舆论危机、争取舆论支持，巧用线上线下媒体，维护好志愿服务文化的社会舆论，也是推进志愿服务发展的重要保障。

后 记

新时代文明实践中心建设和学雷锋志愿服务事业没有终点，路上的风景唯有共创才会一路风光无限。正如本书，如果缺乏理论专家、新时代文明实践工作者、志愿服务工作者、志愿服务组织和广大志愿者的智慧和力量充裕其中，则无半点营养，如无源之水，无根之木。

本书力求理论研究与实务工作紧密契合，重视可复制可推广可借鉴经验模式提炼、问题回应和案例归纳。本书重点回应了身处一线的基层新时代文明实践工作者和志愿服务工作者学习的需求以及面临的问题和困惑。本书编撰的过程既是对上海新时代文明实践中心建设和志愿服务体系建设工作系统梳理的过程，也是对多年来志愿服务工作深度反思的过程，有经验萃取，也感知到了问题和挑战，更获得了对未来高质量推动新时代文明实践中心和志愿服务体系建设的信心和力量。

本书编撰过程中，得到了社会各界和各部门、各区的大力支持。"调查研究篇"部分是由上海市文明办、市志愿者协会和上海社会科学院社会学研究所基于连续多年形成的理论研究与基层实践良性互动的课题成果，共同精心协作完成，对上海社区志愿服务体系建设经验做法以及面临的挑战作了系统阐述，对新时代文明实践中心建设新背景下推动社区志愿服务制度化常态化进行了深入思考。"实务指引篇"委托社创支持机构"社邻家"创作完成，社邻家深耕社区超过十年，依托自身多年参与社区治理和志愿服务的实践经验，为上海乃至全国各地基层社区提供相关专业技能赋能支持，对社区志愿服务体系建设的实践经验为本书带来了新鲜的血液和丰富的营养。"案例借鉴篇"以图文并茂的形式，展示了近年来上海市社区志愿服务示范中心的风采和特色，凝结了基层一线志愿服务工作者和广大志愿者的智慧和心血。"思考展望篇"聚焦七个主题，邀请相关领域专家分享经验、畅谈发展。在此，特别鸣谢上海海洋大学公共管理系主任、新时代文明实践与志愿服务研究中心常务副主任、教授、博士生导师张祖平，北京志愿服务基金会理事长、北京市志愿服务指导中心调研员王虎，"社邻家"联合创始人、上海百益社区服务中心理事长冯占锐，安利（中国）日用品有限公司南方区市场拓展部经理、黄浦区青年志愿者协会理事长、上海青年志愿者协会副秘书长韩琦，东方广播中心流行音乐事业部监制兼主持人、2017年全国"四个100"先进典型"最美志愿者"戚彦，青年报社团委副书记、品牌活动中心副总监陈诗松等长期浸润在志愿服务领域的专家和社会人士为本书提供了富有价值的优秀文章和观点述评。特别鸣谢闫加伟、章雯吉、丁蕾、方彬彬、陈嘉依为本书的素材收集、编辑、审稿和核对等工作付出了大量心血。谨向所有为本书编写作出贡献的同志表示衷心的感谢！

我们编写这本书的主要目的在于交流分享和抛砖引玉。本书所传递的理念、思路和方法仅作启发和参考之用，期待广大新时代文明实践中心工作者、志愿服务工作者、志愿服务组织和志愿者能参考学习、从中受益，更期待本书能激发大家继续深入探究和持续创新创造的热情和潜能。"众人拾柴火焰高"，相信在来自基层一线更广博的经验智慧的驱动下，未来上海新时代文明实践中心和志愿服务体系建设一定会迈向新的发展阶段。由于水平所限，本书可能存在疏漏和不妥之处，敬请各位不吝指正。

编　者

2021 年 4 月

附件1：

上海市区级志愿服务指导中心
功能优化评估标准

上海市精神文明建设委员会办公室

2017 年 3 月

简 要 说 明

1. 评估对象：上海市区级志愿服务指导中心。

2. 评估内容：包括基本条件、四大功能、加分项目三大类别，共 6 个指标、15 项内容、27 条标准。

3. 评估方式：主要采取材料审核、实地考察、整体观察等方法。

4. 计分方法：得分＝每个单项得分总和。得分在 60 分以上（包括 60 分）为"达标"，59 分以下为"不达标"。

I - 指标	II - 内容	III - 评估标准	权重	评估方式	得分
基本条件（20%）	硬件配置	1）可利用总面积不低于80平方米，除独立使用的办公室不低于10平方米外，其他可以共享使用的活动室、培训室、展示空间等总面积不低于70平方米。配置1部专用的志愿者热线电话及1套必要的办公设备。	5	实地考察	
	运行保障	2）由各区文明办主管，可以委托社会组织运作或至少配备1-2名专职工作人员负责中心日常工作。有相应的财政经费或社会募集资金保障范使用，公开透明。	5	实地考察 材料审核	
	文化展示	3）标识明确，悬挂醒目，美观大方，统一使用上海志愿者视觉识别系统；有"奉献、友爱、互助、进步"的志愿精神和"学习雷锋、快乐志愿"等口号展示，环境布置体现志愿文化内涵。	5	实地考察	
统筹协调功能（20%）	定位明确	4）区级中心是区域内各类志愿服务组织或团队交流、展示、服务、体验的组织板块；是作为社区志愿服务体系重要环节的管理和指导平台；是承接区文明办、区志愿者协会工作或项目的运作前台。	5	材料审核 整体观察	
	资源整合	5）发挥服务平台的合作联动和条块资源整合。由区级中心统筹，加强与党建、民政、科教文卫体、工青妇等条线服务平台或条块联动，形成具有全区影响力的志愿服务常态化项目不少于10项。	5	材料审核 整体观察	

I - 指标	II - 内容	III - 评估标准	权重	评估方式	得分
		6）撬动社会力量，通过建立协同参与同参与机制，组建联盟组织，开展项目招标等方式，整合民间各类志愿服务资源和力量，促进跨界合作，资源共享。由区级中心统筹，通过社会多元主体合作参与，形成具有全区影响力的志愿服务常态化项目不少于10项。	5	材料审核 整体观察	
	信息融合	7）加强上接上海志愿者网，下连社区志愿服务中心的中枢信息平台建设，积极收集，汇总各类志愿服务信息，形成区域志愿服务信息化建设体格局。	5	实地考察 材料审核	
		8）建立区域志愿服务数据库，掌握区域志愿服务供给和需求动态情况，定期开展数据梳理，分析和运用。	5	实地考察 材料审核	
指导服务功能（20%）	专业培训	9）建立分层分类的培训工作机制，制定年度培训计划，利用市级志愿服务培训教材和资源，整合区域内优质资源，针对区域内志愿服务团队骨干，志愿服务管理人员，并完成年初既定目标。分类培训和配送培训资源，志愿者等不同对象定期开展	3	材料审核	
		10）积极组织相关人员参加市级志愿服务培训；平均每季度开展区级培训不少于1次；隶属于区级层面管理的各类志愿服务组织或团队每年参加区级培训的比例达到50%以上。	3	材料审核	

I－指标	II－内容	III－评估标准	权重	评估方式	得分
	日常指导	11）指导各社区、各条线共同做好登记注册、服务时间记录（包括学生参与志愿服务记录）、志愿者证打印及出具志愿服务证明等信息化建设工作。	3	实地考察 材料审核	
		12）开设日常接待和指导窗口，建立相应的工作机制，开展面向社会的志愿服务信息咨询服务；协调处理跨社区、跨系统、跨领域的志愿服务问题；发挥专家团队和骨干力量作用，为志愿服务团队提供业务指导。	3	实地考察 材料审核	
		13）支持和发展志愿服务组织或团队，协调各方，为其提供经费扶持、场地支持、技术支撑、业务指导、项目合作、能力培养等资源和服务，提升能力，凝聚力量。	3	材料审核 整体观察	
	支持培育	14）注重志愿服务领军人物，组织领袖、团队骨干等的挖掘和培养，发挥其在团队建设中的示范引领作用。	2	材料审核	
		15）积极扶持区域内有需求、受欢迎的常态化项目或有需求，有潜力的初创项目，为这些项目突破发展瓶颈，扩大覆盖面和受益面，提供资源支持和服务保障，激发志愿服务创新活力和动力。	3	材料审核 整体观察	
管理监督功能（20%）	规范管理	16）建立区、街（镇）社区志愿服务中心和居（村）志愿服务站三级志愿服务网络。区级志愿者骨干服务基地不低于20家，社区志愿服务中心覆盖率达100%。	4	材料审核	

(续表)

I－指标	II－内容	III－评估标准	权重	评估方式	得分
	过程监督	17）构建内外贯通、纵横衔接的组织运行体系，将社区级中心、社区志愿服务中心、志愿者服务基地纳入系统化、标准化管理，形成相配套的日常管理制度、组织架构、运作流程。	4	材料审核	
		18）建立常态化督查机制，加强对社区志愿服务中心九大功能落实和志愿服务基地作用发挥情况的日常督促检查。	4	材料审核	
		19）搭建沟通交流平台，促进社区志愿服务中心、志愿者服务基地等各类阵地之间学习研讨、分享经验和合作。	3	材料审核	
	绩效评估	20）制定绩效评估制度，按照《上海市社区志愿服务中心评估标准》要求，每年对社区志愿服务中心九大功能发挥情况进行评估，出具年度社区志愿服务中心评估报告，并督促整改完善，提升社会效益和群众满意度。	5	材料审核 整体观察	
宣传引导功能（20%）	文化营造	21）弘扬雷锋精神和志愿文化，结合区域特点，依托文化地标，借助线上线下各类活动和宣传平台，展现区域志愿服务的蓬勃态势和志愿者的良好精神风貌，推动形成人人尽力、人人享有的良好社会氛围。	5	材料审核 整体观察	
	品牌塑造	22）注重特色项目和团队的品牌化塑造，提升内涵，扩大影响创造条件，在全区有需求、有影响、有亮点的品牌项目达到10个以上，品牌团队达10支以上。	5	材料审核 整体观察	

I－指标	II－内容	III－评估标准	权重	评估方式	得分
	特色亮点	23）注重先进典型的品牌化塑造，建立常态化工作机制，大力选树、培育，宣传先进典型，为先进典型更好地施展才华、提升自己，带动他人创造条件，感召更多市民群众加入志愿者队伍。	5	材料审核 整体观察	
		24）注重经验成果的品牌化塑造，推动条线和基层因地制宜地开展志愿服务品牌培育，总结提炼可复制、可推广的试点经验，形成本区志愿服务亮点特色，宣传推广先进经验和创新案例，不断扩大本区域志愿服务工作的社会影响力。	5	材料审核 整体观察	
	加分项目	25）区志愿服务工作获得过中央文明办、市文明办领导的肯定和批示。	1	材料审核	
		26）区志愿服务工作的经验做法及工作成效在市级以上媒体上做过宣传报道；在市级以上相关会议上做过经验交流。（每次加1分，最高加2分）	2	材料审核	
		27）近两年本区涌现过的全国学雷锋志愿服务"四个100"先进典型等各类荣誉。（每项加1分，最高加2分）	2	材料审核	

上海市乡镇（街道）社区志愿服务中心功能优化评估标准

上海市精神文明建设委员会办公室

2017 年 3 月

简 要 说 明

1. 评估对象：上海市乡镇（街道）社区志愿服务中心。

2. 评估内容：包括要素升级、结构优化、制度创新、加分项目四大类别，涉及标准化配置、信息化覆盖、项目化运作、社会化共建、组织化再造、规范化管理、内涵化发展、品牌化塑造八个指标，具体体现为基本设施条件、供需对接功能、注册认证功能、项目孵化功能、资源整合功能、能力建设功能、团队培育功能、指导监督功能、激励保障功能、文化建设功能、特色亮点工作共11项内容、36条标准。

3. 评估方式：主要采取材料审核、实地考察、整体观察等方法。

4. 计分方法：得分＝每个单项得分总和。得分在60分以上（包括60分）为"达标"，59分以下为"不达标"。

I—类别	II—指标	III—内容	IV—评估标准	权重	评估方式	得分
要素升级（40%）	标准化配置	基本设施条件（10%）	1）开辟基本场地。可利用总面积不低于80平方米，除独立使用的办公室不低于10平方米外，其他可以共享使用的活动室、展示厅，展示墙或展示板总面积不低于70平方米。	2	实地考察	
			2）配齐人员设备。至少配备1-2名社区专职的工作人员，1部专用的志愿者热线电话及1套必要的办公设备。	2	实地考察	
			3）设置统一标识。标识明确，悬挂醒目，美观大方，统一使用上海志愿者视觉识别系统，有"奉献、友爱、互助、进步"的志愿精神和"学习雷锋，快乐志愿"等口号展示。	2	实地考察	
			4）明晰经费管理。有专项经费保障日常运作，依据资金用途的分类及标准使用经费，并确保足额到位、专款专用，公开透明。	2	实地考察 材料审核	
			5）明确责任主体。有明确的上级主管单位，负责社区志愿服务中心的建设和管理。	2	材料审核	
	信息化覆盖	供需对接功能（10%）	6）拥有与上海志愿服务信息平台对接的终端，积极收集、及时发布各类志愿服务信息。	4	实地考察	
			7）畅通民生诉求和服务供给渠道，每年在工作覆盖区域内进行不少于2次的志愿服务供需情况调研，建立供需对接分类服务目录，促使志愿服务供给与社会发展需要、群众需求相匹配。	3	实地考察 材料审核	

I—类别	II—指标	III—内容	IV—评估标准	权重	评估方式	得分
		注册认证功能（10%）	8）发挥社区志愿服务中心在价值引领、道德示范、公益服务、关爱帮助、互助合作等方面的枢纽作用。	3	材料审核整体观察	
			9）指导志愿服务组织、团队及志愿者开展登记注册。	3	实地考察材料审核	
			10）建立志愿服务数据库和档案库，鼓励志愿服务组织或团队在社区志愿服务中心备案。	3	实地考察材料审核	
			11）对志愿者的服务情况进行及时、完整、准确记录，配合做好学生参与志愿服务记录工作。	2	实地考察材料审核	
			12）为有需要的志愿者提供志愿者证打印、服务时间记录查询和打印及出具志愿服务证明等服务。	2	实地考察材料审核	
项目化运作		项目孵化功能（10%）	13）根据民生需求策划设计项目方案，构建连接志愿服务组织或团队、项目、岗位、服务对象的完整服务链，加强项目运作的过程管理和宣传推广，确保项目有效落地、惠及群众。	4	材料审核	
			14）受群众欢迎、有持续能力的常态化项目不低于10项，常态化项目的受益面逐年扩大。	3	材料审核	

I—类别	II—指标	III—内容	IV—评估标准	权重	评估方式	得分
结构优化（30%）	社会化共建	资源整合功能（10%）	15）顺应民生需求和条件变化，积极孵化新项目，塑造有影响、有亮点的特色项目。	3	材料审核 整体观察	
			16）加强统筹协调，整合区域人、财、物资源，促进区域内各类志愿服务组织或团队发挥特长、优势互补、共建共享。	4	材料审核 整体观察	
			17）每年与条线职能部门、区、校区、厂区、商区、园区等合作开展志愿服务项目不低于5项。	3	材料审核	
			18）有建立2年以上合作关系的社会组织、学校、医院、部队、企事业单位等合作对象。	3	材料审核	
	组织化再造	能力建设功能（10%）	19）建立培训制度，针对志愿服务团队骨干、志愿服务管理人员、志愿者等不同对象制定年度培训计划。	3	材料审核	
			20）每年组织或参加各类志愿服务培训不低于10次，区域内志愿服务组织或团队培训率达到50%以上。	3	材料审核	
			21）注重志愿服务领军人物、组织领袖、团队骨干等的培训和培养，发挥排头人、核心团队的示范引领作用。	2	材料审核	
			22）促进志愿服务组织或团队、志愿服务站、志愿者服务基地等之间交流学习和经验分享，提升能力、凝聚力量。	2	材料审核 整体观察	

(续表)

I—类别	II—指标	III—内容	IV—评估标准	权重	评估方式	得分
		团队培育功能（10%）	23）积极培育或引进适合本区域实际需求的志愿服务组织或团队，为有需求的组织或团队内提供场地设施、技术支撑、智力支持等资源和服务。	5	材料审核 整体观察	
			24）区域内20人以上规模的各类志愿服务组织或团队不低于30个，每月开展"邻里守望"等志愿服务活动，成为居民自治、社会共治的重要力量。	5	材料审核	
	规范化管理	指导监督功能（10%）	25）建立街（镇）社区志愿服务中心，居（村）学雷锋志愿服务站二级志愿服务网络。志愿服务站在居民区覆盖率达100%。	4	材料审核 整体观察	
制度创新（30%）			26）社区志愿服务中心、学雷锋志愿服务站、志愿者服务基地建立相匹配的组织架构，工作制度、运作流程并上墙公示。	3	实地考察 材料审核	
			27）社区志愿服务中心为区域内学雷锋志愿服务站、志愿者服务基地、志愿服务组织或团队提供日常咨询和指导，并对项目运作和活动开展情况等进行过程监管和成效评估。	3	材料审核 整体观察	
	内涵化发展	激励保障功能（10%）	28）建立志愿者激励回馈制度，定期评选表彰优秀志愿者，注重精神激励，整合区域资源，给予表现突出的志愿者一定的优待、优先或优惠服务，提升志愿者的自身荣誉感和社会美誉度。	4	材料审核	

I－类别	II－指标	III－内容	IV－评估标准	权重	评估方式	得分
		文化建设功能（10%）	29）贯彻落实《上海市志愿服务条例》精神，积极维护志愿者合法权益，关怀和帮助生活困难的志愿者。	3	材料审核	
			30）在组织开展志愿服务过程中，尊重志愿者本人的意愿，根据其时间、能力等条件，安排从事相应的志愿服务活动，并为其提供相关的信息安全、卫生等必要的条件或者保障。	3	材料审核	
			31）倡导"奉献、友爱、互助、进步"的志愿精神，在组织开展志愿服务中坚持不以获取报酬为目的的公益原则，为志愿者施展才华、提升自己，带动他人积极创造条件。	4	材料审核	
			32）大力宣传先进典型，以志愿者的优秀事迹感召更多市民群众见贤思齐，积极加入志愿队伍。	3	材料审核 整体观察	
			33）营造志愿文化氛围，结合本社区人文特点，展现社区志愿服务发展的蓬勃态势和志愿者的良好精神风貌。	3	材料审核 整体观察	
加分项目	品牌化塑造	特色亮点工作	34）社区志愿服务中心管理运作或区域志愿服务工作获得过市、区主要领导的肯定和批示。	1	材料审核	

I—类别	II—指标	III—内容	IV—评估标准	权重	评估方式	得分
			35）社区志愿服务中心管理运作或区域志愿服务工作的经验做法在市级以上媒体上做过宣传报道；在市、区级相关会议上做过经验交流。（每次加1分，最高加2分）	2	材料审核	
			36）近两年本地区涌现过市级以上志愿服务先进个人、集体、项目、基地等各类荣誉。（每项加1分，最高加2分）	2	材料审核	

附件 3：

上海市区级新时代文明
实践中心评估标准

上海市精神文明建设委员会办公室

2020 年 9 月

编 制 说 明

一、评估对象：上海市区级新时代文明实践中心。

二、评估内容：包括体制机制、基础建设、服务功能、特色工作四大类别，共16项指标内容、30条标准。

三、评估方式：主要采取材料审核、大数据分析、实地考察、问卷调查等方法。

四、评估说明：

1. 本评估标准既是引领新时代文明实践中心长远发展的工作导向，又是检验一段时间内新时代文明实践中心建设成效的衡量标尺，为着眼长远又立足当前，具体评估工作将结合年度操作细则展开。

2. 为彰显上海特色，推动新时代文明实践中心与区志愿服务指导中心功能互补、相互支撑、协同运行，本评估标准整合融入《上海市区级志愿服务指导中心功能优化评估标准》，将新时代文明实践中心与区志愿服务指导中心评估工作予以统筹安排。

3. "大数据分析"主要依据"上海市新时代文明实践综合服务平台"和"上海志愿者网"数据，部分年度量化指标根据信息平台实际使用情况设定或调整，以年度操作细则为准。

4. 本评估标准中的"常态化项目"要求持续稳定开展活动，实施时间达1年及以上，活动频率至少每月1次；"常态化督查机制"要求明确督查实施主体、对象、内容和方式，实施时间达1年及以上，督查频率至少每月1次；"品牌项目或团队"要求持续稳定开展活动并具有较大影响和良好口碑，实施时间达2年及以上，活动频率至少每月1次，经常参与的注册志愿者原则上不少于20人。

五、计分方法：总分100分，得分＝每个单项权重得分总和。

I – 指标	II – 内容	III – 评估标准	权重	评估方式
体制机制（23%）	组织架构	1）各区党委担负起新时代文明实践中心建设主体责任，负责统筹规划中心建设和工作开展。区委书记担任中心主任。办公室设在区委宣传部，宣传部部长担任中心副主任兼任中心办公室主任。	3	材料审核
		2）中心建设纳入地区经济社会发展总体规划。建立统筹协调、责任分工、指导督促、条块联动等工作机制。发挥区精神文明委成员单位协同联动工作机制作用。至少每半年召开1次信息沟通、工作推进、经验交流等工作会议，推动文明实践工作有效落实。	3	材料审核 大数据分析
	工作机制	3）完善文明实践志愿服务机制，构建区新时代文明实践中心统筹规划、区志愿服务指导中心组织实施、志愿服务队伍各展所长、志愿服务站点承接落地的文明实践志愿服务工作体系。	3	材料审核 大数据分析
		4）中心工作成效纳入区党政领导班子和领导干部实绩考核，纳入意识形态工作责任制落实情况监督检查。	3	材料审核
	经费保障	5）建设新时代文明实践中心的工作经费纳入区级财政预算。中心建立健全内部资金使用管理和监督约束机制，严格按照资金使用范围执行，规范资金使用程序，做到账目清楚、手续完备、内容真实、结算准确，确保专款专用、公开透明。鼓励引导社会资金参与新时代文明实践中心建设和项目支持。	3	材料审核

I－指标	II－内容	III－评估标准	权重	评估方式
	建强队伍	6）区党委或者政府主要负责同志担任新时代文明实践志愿服务总队长。做实建强以党员干部为主体、基层群众为核心，文化、文艺、科技、医疗、环保、司法等专业化志愿者为支撑的文明实践志愿服务总队，组建群众身边的志愿服务分队。	4	材料审核大数据分析
		7）在职党员文明实践志愿服务活动参与率达到80%。在职党员人均每年从事志愿服务时间达到20小时。基层群众参与文明实践志愿服务的人数达到本地常住人口的13%以上。全区20人以上规模的文明实践志愿服务组织或团队不低于100支。	4	大数据分析
基础建设（12%）	资源配置	8）落实并统筹使用中心用地、场地，除必要的办公区域外，用于会议、活动、培训、展示等空间和设施全部共享使用。配置电脑、电话、打印机等基本办公设备。配备2名及以上工作人员负责中心日常工作。	3	实地考察
	标识氛围	9）标识明确、悬挂醒目、美观大方，统一使用新时代文明实践中心铭牌和视觉识别系统。有电子屏或墙面等固定空间，展示中心建设目标、基本功能、组织架构、工作制度、先进典型、特色项目等内容。环境布置体现习近平新时代中国特色社会主义思想和社会主义核心价值观。	5	实地考察

I－指标	II－内容	III－评估标准	权重	评估方式
	阵地网络	10）完成区新时代文明实践中心、乡镇（街道）新时代文明实践分中心、村（居）新时代文明实践站三级阵地全覆盖建设。协同联动乡镇（街道）社区志愿服务中心、村（居）学雷锋志愿服务阵地，盘活用好区域各类阵地资源，构建点多面广、功能完备的文明实践志愿服务网络。	4	实地考察 大数据分析
		11）制定中长期规划（5年）和年度工作计划。鼓励协同社会专业力量共同开展文明实践专项调研每年不少于1项，并将调研成果转化为推动创新实践的具体举措。	3	材料审核
服务功能（55%）	调研规划	12）孵化培育接地气聚人气的文明实践志愿服务项目，围绕"学习宣传理论政策，培育践行主流价值，创新开展文明创建，大力弘扬时代新风，丰富精神文化生活，壮大志愿服务队伍"等六方面主要内容，按其有引领作用，需要统一组织开展的主题性项目，满足群众求教、文化、医疗、法律、科技、健身等普遍和共性需求的普惠性项目，为空巢老人、留守儿童及特困群体定制内容各异、需要专门配送的特惠性项目等三个类别，精准设计项目。	3	大数据分析
	统筹协调	13）围绕"学习宣传理论政策，培育践行主流价值，创新开展文明创建，大力弘扬时代新风，丰富精神文化生活，壮大志愿服务队伍"等六方面主要内容，每年由中心及下一级组织发布并实施的常态化文明实践项目总数不少于30项，其中文明实践志愿服务项目不少于20项。相关区级部门举办开展的文明实践集中性示范活动不少于12场（次）；由中心统筹各类资源，	4	材料审核 大数据分析

Ⅰ－指标	Ⅱ－内容	Ⅲ－评估标准	权重	评估方式
		14）统筹系统内外，推动党建、建设、民政、经信、科教文卫体、工青妇、残联、退役军人事务管理、老干部局、红十字会等系统各部门与地区条块联动。加强资源整合，每年促成每个乡镇（街道）与市级条线部门（单位或组织条块联动共建文明实践项目不少于1项，与区级条线部门（单位或组织条块联动共建文明实践项目不少于1项。	3	材料审核 大数据分析
		15）统筹体制内外，通过党建联建，政府购买服务，组建联盟组织等各种方式，整合跨界资源，凝聚社会力量，广泛发动基层自治组织、志愿服务组织、社会组织、新经济组织等社会多元主体参与的文明实践项目不少于10项。	3	材料审核 大数据分析
		16）统筹线上线下，用好"上海新时代文明实践综合服务平台"市级平台新闻发布、宣传展示、互动交流、供需对接、目标管理、统计分析等六大功能，按照"上海市新时代文明实践综合服务平台"市级平台"三单"供给单、对接单、需求单，全区每年在"上海市新时代文明实践综合服务平台"市级平台全过程完成文明实践项目、志愿者、志愿服务资源供需对接不少于30单。	4	大数据分析
		17）建好用好"上海市新时代文明实践综合服务平台"区级平台，构建"文明实践中心（志愿者）接单（志愿）—群众点单—文明实践中心（区）志愿服务指导中心派单—区志愿服务群众评单—招募志愿者—实施项目—评估效果—优化项目"五步骤项目管理流程等核心功能，因地制宜探索个性化功能，并实现与市级平台数据信息联通。	4	大数据分析

I－指标	II－内容	III－评估标准	权重	评估方式
		18）联动用好"上海志愿者网"招募注册、时长记录、学习培训、激励保障、查询认证等功能，建立与区融媒体中心、"学习强国"平台以及各类"两微一端"载体联通融通机制，提升服务效能，扩大宣传效应，实现网上网下同频共振。	2	大数据分析
		19）建立培训工作计划，完成年度培训资源，全年全区志愿者骨干培训率不低于90%。利用市级培训资源，整合区域优质资源，为基层配送培训资源。每年针对文明实践中心（分中心、站）管理人员、文明实践团队骨干和项目负责人、文明实践志愿者骨干等开展文明实践专题培训不少于2次，培训覆盖所辖每个乡镇（街道）、村（居）和主要的条线部门。培育一批区级示范性文明实践志愿服务组织和优秀的志愿者骨干、组织管理人才及项目运营人才。	4	材料审核 大数据分析
	指导支持	20）中心开设日常接待和指导窗口，建立中心、分中心例会制度，加强日常工作沟通指导。	2	实地考察 问卷调查
		21）完善评选表彰、礼遇优待等激励保障机制，为各类文明实践团队提供资金扶持、场地支持、技术支持、业务指导、能力培养、项目合作、学习交流、安全卫生等各类支持和保障。	2	材料审核 大数据分析
	宣传展示	22）建立完善理论政策宣讲机制，发挥各类讲师团、先进典型、基层骨干作用，组建理论政策宣讲志愿服务队伍。面向群众开展习近平新时代中国特色社会主义思想和理论政策宣讲活动，每年中心开展宣讲活动不少于4次。依托各类阵地和平台，宣传展示习近平新时代中国特色社会主义思想指导上海改革发展实践的成果。	4	材料审核 大数据分析

（续表）

I - 指标	II - 内容	III - 评估标准	权重	评估方式
		23）建立完善宣传报道、先进典型培育、品牌项目塑造机制。围绕"学习宣传理论政策、培育践行主流价值、大力弘扬时代新风，丰富精神文化生活，壮大志愿服务队伍"等六方面主要内容，塑造具有全区影响力的文明实践志愿服务品牌项目不少于 10 个，品牌团队不少于 10 支。	4	材料审核 大数据分析
		24）建立工作机制，培育专业化志愿服务队伍和项目，依托"上海市新时代文明实践综合服务平台"，打通全区理论宣讲、教育服务、文化服务、科技与科普服务、健身体育服务及区域特色平台资源。发挥各平台协同联动作用，统筹整合各类平台资源。分中心配送文明实践项目，志愿者、场地、资金等资源不少于 1 单。每年区层面为所辖每个乡镇（街道）分中心配送项目各个乡镇（街道）分中心配送文明实践项目不少于 1 单。	4	材料审核 大数据分析
	服务配送	25）依托"上海市新时代文明实践综合服务平台"区级平台，实时动态发布全区文明实践供给资源清单、需求清单和服务群众项目清单。有效发挥"文明实践中心供单-群众点单-文明实践中心派单-区志愿服务指导中心调配志愿服务组织（志愿者）接单-群众评单"五单式服务群众流程作用，所辖每个文明实践中心（分中心）、站每月在"上海市新时代文明实践综合服务平台"区级平台全过程完成服务群众的文明实践项目不少于 1 单，群众评价满意度不低于 80%。	4	大数据分析 问卷调查
	管理监督	26）建立常态化督查机制，依托"上海市新时代文明实践综合服务平台"区级平台，有效发挥"报送-审核-反馈-督查-评估"五步骤指导监督流程作用，加强对文明实践中心（分中心）、站）功能落实和相关阵地作用发挥情况的日常督促检查。	2	材料审核 大数据分析

I－指标	II－内容	III－评估标准	权重	评估方式
特色工作（10%）		27）制定绩效评估制度，每年对文明实践中心（分中心）进行工作评估，出具年度评估报告，并督促整改完善。鼓励通过第三方评估加强公正性和透明度。群众对文明实践工作的满意度不低于80%。	3	材料审核 问卷调查
	创新实践	28）围绕"传播新思想、引领新风尚"的目标和功能定位，阵地资源整合到位，在实践探索中解决了重点难点问题，形成了特色做法。服务群众精准到位，创新性和实效性较为显著。特色做法在"上海市新时代文明实践综合服务平台"宣传展示，在市级媒体宣传报道、在市级公开发行的刊物上刊登，或在市级相关工作会议上交流，在全市范围受到关注和认可。	4	材料审核 大数据分析
	经验推广	29）在创新实践中心形成的特色做法，持续提升区中心的动员能力，整合能力，引导能力和服务能力，形成了可复制、可推广的经验模式，长效性和影响力显著。经验成果在全国公开发行的刊物上刊登，在中央媒体宣传报道，或在全国相关工作会议上交流，在全国范围内受到关注和认可。	3	材料审核
	荣誉表彰	30）文明实践工作得到中央文明办、中央宣传部、市委宣传部、市文明办主要领导批示肯定。文明实践中涌现出来的先进典型获得全国学雷锋志愿服务"四个100"先进典型等国家级有关荣誉。获评年度市级新时代文明实践示范中心。	3	材料审核

273

附件 4：

上海市乡镇（街道）新时代
文明实践分中心评估标准

上海市精神文明建设委员会办公室

2020 年 9 月

编 制 说 明

一、评估对象：上海市乡镇（街道）新时代文明实践分中心。

二、评估内容：包括体制机制、基础建设、服务功能、特色工作四大类别，共18项指标内容、29条标准。

三、评估方式：主要采取材料审核、大数据分析、实地考察、问卷调查等方法。

四、评估说明：

1．本评估标准既是引领新时代文明实践分中心长远发展的工作导向，又是检验一段时间内新时代文明实践分中心建设成效的衡量标尺，为着眼长远又立足当前，具体评估工作将结合年度操作细则展开。

2．为彰显上海特色，推动新时代文明实践分中心与社区志愿服务中心功能互补、相互支撑、协同运行，本评估标准整合融入《上海市社区志愿服务中心功能优化评估标准》，将新时代文明实践分中心与社区志愿服务中心评估工作予以统筹安排。

3．"大数据分析"主要依据"上海市新时代文明实践综合服务平台"和"上海志愿者网"数据，部分年度量化指标根据信息平台实际使用情况设定或调整，以年度操作细则为准。

4．本评估标准中的"常态化项目"要求持续稳定开展活动，实施时间达1年及以上，活动频率至少每月1次；"常态化督查机制"要求明确督查实施主体、对象、内容和方式，实施时间达1年及以上，督查频率至少每月1次；"品牌项目或团队"要求持续稳定开展活动并具有较大影响和良好口碑，实施时间达2年及以上，活动频率至少每月1次，经常参与的注册志愿者原则上不少于20人。

五、计分方法：总分100分，得分=每个单项权重得分总和。

I – 指标	II – 内容	III – 评估标准	权重	评估方式
体制机制（15%）	组织架构	1）各乡镇（街道）党（工）委承担新时代文明实践分中心、站建设的主体责任，负责统筹推进辖区文明实践工作。乡镇（街道）党（工）委书记担任分中心主任，副职领导担任中心副主任兼任分中心办公室主任。村（居）新时代文明实践站，由村（居）党组织（党委、党总支、党支部、党支部）书记任站长。	3	材料审核
		2）分中心建设纳入乡镇（街道）社区发展规划。建立统筹协调、责任分工、指导督促、条块联动等工作机制，形成分中心上贯区中心、下连村（居）实践站，无缝对接、有效运行的工作格局。至少每半年召开1次信息沟通、工作推进、经验交流等工作会议，推动文明实践工作有效落实。	3	材料审核 大数据分析
	工作机制	3）完善文明实践志愿服务机制，构建乡镇（街道）新时代文明实践分中心统筹规划、社区志愿服务中心组织实施、志愿服务队伍各展所接、志愿服务站点承接落地的文明实践志愿服务工作体系。	3	材料审核 大数据分析
		4）分中心工作成效纳入乡镇（街道）党政领导班子和领导干部实绩考核，纳入意识形态工作责任制落实情况监督检查。	3	材料审核
	经费保障	5）建设新时代文明实践分中心（站）的工作经费纳入同级财政预算。分中心（站）建立健全内部资金管理和监督约束机制，严格按照资金使用范围执行，规范资金使用程序，做到账目清楚、手续完备、内容真实、结算准确，确保专款专用，公开透明。鼓励和引导社会资金参与新时代文明实践分中心（站）建设和项目支持。	3	材料审核

（续表）

I—指标	II—内容	III—评估标准	权重	评估方式
基础建设（10%）	资源配置	6）落实并统筹使用分中心场地，除必要的办公区域外，用于会议、活动、培训、展示等场地设施全部共享共用。配置电脑、电话、打印机等基本办公设备。配备2名及以上工作人员负责分中心日常工作。	3	实地考察
	标识氛围	7）标识明确，悬挂醒目，美观大方。有电子屏或墙面等固定空间，统一使用新时代文明实践分中心铭牌和视觉识别系统。展示分中心建设目标、基本功能。组织机构，工作制度、先进典型、特色项目等内容。环境布置体现习近平新时代中国特色社会主义思想和社会主义核心价值观。	4	实地考察
服务功能（65%）	阵地网络	8）完成乡镇（街道）新时代文明实践分中心、村（居）社区志愿服务中心、村（居）学雷锋志愿服务站两级阵地全覆盖建设，与乡镇（街道）服务阵地协同联动。依托志愿者服务基地等现有各类阵地资源，在居民聚集区、公共服务设施、窗口单位及其他重点公共场所广泛设立有人员、有项目、有管理的新时代文明实践志愿服务站点，打造十五分钟文明实践志愿服务圈。	3	实地考察 大数据分析
	资源整合	9）整合专业化志愿服务队伍和项目资源，依托"上海市新时代文明实践综合服务平台"，打通区域理论宣讲、教育服务、文化服务、科技与科普服务、健身体育服务及社区特色平台，根据新时代文明实践工作需要统一调配各平台资源，促进各平台功能融合、协同运行。	2	材料审核 大数据分析

I－指标	II－内容	III－评估标准	权重	评估方式
		10）整合条块资源，加强与党建、经信、建设、民政、科教文卫体、工青妇、残联、退役军人事务管理局、老干部局、红十字会等各系统各部门资源对接，促进团队共育，项目共建。每年分中心与市级部门或组织条块联动共建文明实践项目不少于1项，与区级部门组织条块联动共建文明实践项目不少于2项。	3	材料审核、大数据分析
		11）整合社会资源，加强与基层自治组织、志愿服务组织、社会组织、新经济新社会组织等多元主体广泛合作，鼓励采取党建联建、组建联盟组织等各种方式，汇聚社会合力共建文明实践。政府购买服务、每年由分中心统筹、社会多元主体合作参与的文明实践项目不少于5项。	3	材料审核、大数据分析
	供需对接	12）用好"上海市新时代文明实践综合服务平台"市级平台六大功能，宣传展示、互动交流，积极收集、统计分析等，及时发布各类文明实践信息。用好"需求单、供给单、对接单"三单式供需对接流程，承接上级资源，对接外部资源，嫁接跨界资源，促进文明实践要素跨系统、跨领域供需对接。加强对接资源的过程管理，每年分中心在"上海市新时代文明实践综合服务平台"市级平台全过程完成文明实践项目、志愿者、场地、资金等资源对接不少于10单。	5	大数据分析
		13）畅通民生诉求和服务供给渠道，每年在新时代文明实践工作覆盖区域内进行不少于1次的文明实践供需情况调研，依托"上海市新时代文明实践供给资源清单、需求清单"区级平台，实时动态发布区域文明实践供给资源清单、需求清单和服务群众项目清单，推动文明实践服务资源供给与社会发展需要、群众需求精准匹配。	4	材料审核、大数据分析

I – 指标	II – 内容	III – 评估标准	权重	评估方式
	注册认证	14）依托"上海志愿者网"，文明实践分中心（站）联动社区志愿服务中心（学雷锋志愿服务站），加强对区域志愿服务组织、团队及志愿者的指导，共同做好文明实践领域志愿服务信息发布、志愿者招募注册、时长记录、学习培训、激励保障、查询认证等规范管理工作。	4	大数据分析
		15）围绕"学习宣传理论政策，培育践行主流价值，创新开展文明创建，大力弘扬时代新风，丰富精神文化生活，壮大志愿服务队伍"等六方面主要内容，推动文明实践活动进乡村、进社区、进基层、进楼宇、进网络。每个乡镇（街道）分中心每年组织开展集中性示范文明实践活动不少于2场（次）。每个村（居）实践站每年组织开展群众性文明实践活动不少于5场（次），参与活动人数占所在村（居）常住人口比例不低于50%。	4	材料审核 大数据分析
	活动组织	16）推动文明实践活动常态化、项目化、精准化，围绕"学习宣传理论政策，培育践行主流价值，创新开展文明创建，大力弘扬时代新风，丰富精神文化生活，壮大志愿服务队伍"等六方面主要内容，按具有引领作用、需要统一组织开展的主题性普遍性惠民项目，满足群众教育、文化、科技、医疗、法律、健身等普遍和共性需求的普惠性项目，为空巢老人、留守儿童及特困群体定制内容各异、需要专门配送的特惠性项目等三个类别，精准设计和实施项目。由每个乡镇（街道）分中心发布并实施的常态化文明实践项目不少于10项，其中文明实践服务项目不少于6项。由每个村（居）实践站发布并实施的常态化文明实践项目不少于3项，其中文明实践志愿服务项目不少于2项。	4	大数据分析

I－指标	II－内容	III－评估标准	权重	评估方式
		17）积极发挥分中心协同联动、承上启下的作用，依托"上海市新时代文明实践综合服务平台"区级平台，每年乡镇（街道）层面为所辖每个村（居）实践站配送文明实践项目、志愿者、场地、资金等资源不少于1单。	2	大数据分析
	服务配送	18）用好"上海市新时代文明实践综合服务平台"区级平台，有效发挥"文明实践分中心"区级平台（站）供单-群众点单-文明实践分中心（站）派单-社区志愿服务中心（学雷锋志愿服务站）调配志愿服务组织（志愿者）接单-群众评价"五单"式服务群众流程，"孵化项目-招募志愿者-实施项目-评估效果-优化项目"五步骤项目管理流程等功能作用，开展点单配送服务，加强项目过程管理，提升服务实效。所辖每个文明实践分中心（站）每月在"上海市新时代文明实践综合服务平台"区级平台全过程完成服务群众的文明实践项目不少于1单，群众评价满意度不低于80%。	6	大数据分析 问卷调查
	宣传引导	19）发挥区域各类讲师团、先进典型、基层骨干作用，组建群众身边的理论宣讲队伍，以志愿服务的形式，面向群众开展习近平新时代中国特色社会主义思想和理论政策宣讲活动，宣传展示习近平新时代中国特色社会主义思想指导上海改革发展实践的成果，每年分中心开展宣讲活动不少于2次。	3	材料审核 大数据分析

I－指标	II－内容	III－评估标准	权重	评估方式
		20）综合运用管用线上线下各类宣传载体和文化阵地，加强对文明实践活动的宣传报道。大力挖掘、培育和宣传文明实践先进典型、优秀案例，打造高质量、可持续、有实效的文明实践志愿服务项目不少于3项，特色项目、有影响、口碑好的品牌团队不少于2支，以先进典型的优秀事迹和浓郁的社会氛围，感召更多市民群众参与文明实践行动。	4	材料审核 大数据分析
	能力建设	21）建立培训工作计划，完成年度培训目标，全年本区域志愿者骨干培训率不低于90%。加强新时代文明实践相关人员培训，组织培育和人才培养，每年针对分中心（站）管理人员、文明实践团队骨干和项目负责人、文明实践志愿者骨干等开展文明实践专题培训不少于1次，培训覆盖所辖每个村（居）。	3	材料审核 大数据分析
		22）发展建设文明实践志愿服务队伍，发挥党员干部示范带动作用，在职党员文明实践志愿服务参与率达到80%，人均每年从事志愿服务时间达到20小时。区域内基层群众参与文明实践志愿服务的人数达到本地常住人口的13%以上。20人以上规模的文明实践志愿服务组织或团队不低于10支。	4	大数据分析
	激励保障	23）为各类文明实践团队提供资金扶持、场地支持、技术支持、业务指导、项目合作、能力培养、安全卫生等各类支持和保障。组织开展实地考察、成果展示、项目大赛、推广经验等文明实践志愿服务工作交流活动。	3	材料审核 大数据分析

I－指标	II－内容	III－评估标准	权重	评估方式
		24）建立激励机制，制定以精神奖励为主的褒奖激励措施。将文明实践中涌现出来的各类志愿服务先进典型，纳入区域志愿服务先进评选优先考虑范围。建立以志愿服务时长为基础、服务评价为补充的评价机制，探索文明实践志愿服务星级评定、积分兑换、礼遇优待等激励回馈办法，调动群众参与文明实践的积极性。	4	材料审核 大数据分析
	指导监督	25）建立常态化督查机制，因地制宜制定村（居）新时代文明实践村（居）新时代文明实践站供需对接、注册认证、宣传引导、项目孵化、团队培育等功能细化评估，加强日常指导、督促和检查，定期通报工作成效。	3	材料审核 大数据分析
		26）制定绩效评估制度，每年对村（居）新时代文明实践站进行工作评估，出具年度评估报告，并督促整改和完善。鼓励通过第三方评估，加强公正性和透明度。群众对文明实践工作的满意率不低于80%。	4	材料审核 问卷调查
特色工作（10%）	创新实践	27）围绕"传播新思想、引领新风尚"的目标和功能定位，阵地资源整合到位、体制机制健全到位、服务群众精准到位。在实践探索中解决了重点难点问题，形成了特色做法，创新性和实效性较为显著。特色做法在区级媒体宣传报道、在"上海市新时代文明实践综合服务平台"宣传展示，或在区级相关工作会议上交流、在全区范围受到关注和认可。	4	材料审核 大数据分析

I－指标	II－内容	III－评估标准	权重	评估方式
	经验推广	28）在创新实践中形成的特色做法，持续提升分中心的动员能力、整合能力、引导能力和服务能力，形成了可复制、可推广的经验模式，长效性和影响力显著。经验成果在市级及以上公开发行的刊物上刊登，在市级及以上媒体宣传报道，或在市级及以上相关工作会议上交流，得到社会广泛关注和认可。	3	材料审核
	荣誉表彰	29）文明实践工作得到中央宣传部、中央文明办、市委宣传部、市文明办主要领导批示肯定。文明实践中涌现出来的先进典型获得过全国学雷锋志愿服务"四个100"先进典型等国家级有关荣誉。获评年度市级新时代文明实践示范分中心。	3	材料审核